교과서에 살아 숨쉬는
우리 겨레 문화유산

글 박경남

전남 고흥에서 태어나 서울예대 문예창작과를 졸업했으며, 〈한겨레21〉 독자편집위원 등 자유기고가로 활동했다. 현재 서울디지털창작집단 부대표를 맡고 있으며, 월간지 〈엄마는 생각쟁이〉에 칼럼을 기고하는 등 논픽션 작가로 다양한 글들을 선보이고 있다. 저서로는 《편펀스쿨》, 《큰 인물로 키우려면 맘껏 뛰어 놀게 하라》, 《쿨하고 당당하게 지내는 남녀 사이, 친구 사이》, 《우리는 당당한 꼴찌다》 (공저) 등이 있다.

교과서에 살아 숨쉬는
우리겨레 문화유산 4 대전·충청도

펴낸날 2010년 3월 10일 1판 1쇄
글쓴이 박경남 | **펴낸이** 강진균 | **펴낸곳** 삼성당
편집 주간 강유균 | **책임 교열** 이교숙 | **책임 디자인** 다빈치하우스
편집 김혜정 변지연 김지현 조정민
디자인 이혜경 안태현 | **제작** 강현배
마케팅 변상섭 김경진 하주현 | **온라인** 문주강 장동철
주소 서울시 강남구 논현동 101-14 삼성당빌딩 9층
대표 전화 (02)3443-2681 | **팩스** (02)3443-2683
홈페이지 www.ssdp.co.kr | **쇼핑몰** www.ssdmall.co.kr
출판등록 1968년 10월 1일 제2-187호
ISBN 978-89-14-01704-8 (74080)
　　　978-89-14-01708-6 (세트)

ⓒ 삼성당

· 이 책은 저작권법에 따라 보호받는 저작물이므로 무단전재와 무단복제를 금지하며,
　이 책 내용의 전부 또는 일부를 이용하려면 반드시 (주)삼성당의 서면 동의를 받아야 합니다.
· 파본은 바꾸어 드립니다.
· 사진 및 자료 출처 : 윤효찬, 삼성당 자료실, (주)지지커뮤니케이션

교과서에 살아 숨쉬는~

우리겨레 문화유산

글 박경남

4 대전·충청도

삼성당

우리겨레 역사의 숨결을 찾아서…

문화유산 혹은 문화재라고 하면 어쩐지 멀게만 느껴지지 않나요? 오래된 것, 익숙하지 않은 것으로 생각하기 때문에 그럴지도 모릅니다. 하나같이 딱딱하게 굳어 있어 재미없는 것이라고 느끼기도 쉽고요. 게다가 어떤 문화재는 세월의 깊이만큼이나 녹슬어 있거나 그 형태가 온전하지 못하기 때문에 가까이 다가갈 수도 없습니다. 그래서 우리의 문화유산이나 문화재를 탐방하고 연구하는 것을 고리타분한 일이라고 생각하는 듯합니다.

그럼 문화재와 가까워지려면 어떻게 해야 할까요?

무조건 멀리 있는 유명한 문화재를 찾아가려고 하는 것보다 자기가 사는 동네의 문화재부터 살펴보는 것이 좋습니다. '우리 동네에는 어떤 문화재가 있을까?'라는 호기심을 가지고 인터넷이나 책을 찾아가며 공부한다면 훨씬 가깝게 다가갈 수 있을 것입니다. 굳이 공부라고 하기보다는 관심을 둔다는 표현이 더 어울릴 것 같군요. 그리고 그 문화재의 의미에 관심이 생겼다면 직접 가서 보아야 합니다.

　문화재를 옛것이라고만 생각하지 말고 상상을 해 보세요. 그 옛날 수많은 사람들과 함께 한 역사가 담겨 있거든요. 옛날 사람들은 어떻게 살았을까? 저 문화재는 옛날 사람들에게 어떤 의미가 있었을까? 상상의 나래를 펼쳐 보며 문화재와 대화를 나누어 보세요. 그러면 딱딱하게 굳어 있던 문화재에 어느덧 생기가 돌며, 어린이 여러분에게 말을 걸어올지도 모릅니다.

　우리 동네의 문화재를 다 돌아보고 그들의 숨결을 마음껏 느꼈다면, 가까운 다른 곳의 문화재에도 찾아가 보세요. 그렇게 한 곳 한 곳 다니다 보면 어느새 전국 방방곡곡에 펼쳐 있는 우리의 문화재를 모두 볼 수 있게 될 것입니다. 그리고 생생하게 살아 있는 역사가 가슴속을 따뜻하게 해줄 것입니다. 이미 여러분은 문화재를 통해 옛날 사람들과 소통했으니까요.

　자, 이제 역사 탐방을 떠나 볼까요?

지은이 **박경남**

차례

대전광역시

대덕 계족산성 14
회덕 동춘당 17
남간정사 19

충청남도

공주시
공주 공산성 24
공주 송산리 고분군 27
마곡사 31
갑사 35
공주 반죽동 당간 지주 40
신원사 42

논산시
관촉사 45
개태사지 석불입상 49

보령시
성주사지 51

서산시
개심사 56
서산 보원사지 59
서산 마애삼존불상 63

아산시
현충사 66
아산 읍내리 당간 지주 69
아산 평촌리 석조약사여래입상 71

천안시
봉선 홍경사 사적갈비 73
천흥사지 75
광덕사 77
천원 삼태리 마애불 80

금산군
칠백의총 82

당진군
안국사지 85

부여군
부여 정림사지 5층 석탑 88
무량사 90
부여 부소산성 95
부여 능산리 고분군 101
궁남지 104

서천군
비인 5층 석탑 106

연기군
연화사 108

예산군
수덕사 110
예산 삽교 석조보살입상 114
예산 화전리 사면석불 115

청양군
장곡사 117

태안군
태안 마애삼존불 120

홍성군
홍성 신경리 마애석불 122
홍성 고산사 대웅전 124
홍성 동문동 당간 지주 126
용봉사 영산회괘불탱 128

충청북도

제천시
제천 장락리 7층 모전석탑 134
제천 신륵사 3층 석탑 137
덕주사 마애불 139
청풍 문화재 단지 141
사자 빈신사지 석탑 144

청주시
용두사지 철당간 146
청주 보살사 148
용화사 151
상당산성 154

충주시
중원 봉황리 마애불상군 156
중원 탑평리 7층 석탑 159
중원 미륵리사지 162
청룡사지 165
중원 고구려비 168

괴산군
괴산 원풍리 마애불좌상 170
각연사 172

단양군
단양 신라 적성비 175

보은군
법주사 179
삼년산성 186

영동군
영국사 188
영동 반야사 3층 석탑 190
영동 신항리 삼존불입상 193

진천군
진천 연곡리 석비 195

청원군
청원 계산리 5층 석탑 197
안심사 199

한반도의 중심에서 문화를 이룬 충청도

　지리적으로 한반도의 중앙을 차지하고 있는 충청도는 호서 지방이라고도 합니다. 제천 의림지의 서쪽이라는 뜻으로 불리는 별칭이지요. 호서 지방은 동쪽으로 소백산맥을 사이에 두고 영남 지방과 접하고, 서쪽으로는 서해가 보이며, 남쪽으로는 금강을 사이에 두고 호남 지방과 마주 보고, 북쪽으로는 안성천과 차령산맥을 사이에 두고 경기 지방과 닿아 있습니다. 예로부터 충청도는 대부분 산이 낮고, 남한강과 금강 등 큰 물줄기가 있어 평야가 발달해 일찍부터 농경문화를 꽃피웠답니다.

　역사적으로 충청도는 삼한 시대에는 마한, 삼국 시대에는 백제, 삼국이 통일된 다음에는 통일신라의 영역으로 들어갔습니다. 백제의 영역일 때는 공주와 부여가 백제의 도읍지가 되기도 했습니다. 근대에 이르러서는 대전이 한국전쟁 때 피난 정부의 임시수도 역할을 했지요.

　고려 시대에는 충청도가 하남도, 양광도, 공청도, 공홍도, 충홍도 등 다양한 이름으로 불렸습니다. 조선 인조 때 비로소 충청도라 불렸으며 행정상의 편의를 위해 좌도와 우도로 나누었지요. 고종 33년 때 전국의 행정구역을 13도로 나누면서 충청남도와 충청북도로 나뉘었고, 대체로 현재와 같은 행정구역의 윤곽을 갖추게 되었습니다.

　대전광역시는 차령산맥과 소백산맥 사이의 분지지형에 자리하고 있지요. 대전을 둘러싸고 산지가 형성되었고, 산지 사이로 강과 하천이 흘러 넓은 평야가 펼쳐져 있답니다. 대전 지방의 사람들은 선사 시대부터 농경문화를 바탕으로 삶을 이어왔습니다. 대전은 충청남도로 구분되었는데, 백제의 도읍지였던 공주에 가려 크게 주목받지 못했습니다. 현대에 이르러 교통의 중심지가 되면서 성장한 도시입니다. 충청남도의 도청소재지였다가 지방자치제 실시 이후에는 광역시로 중부 지방의 중심 도시로 부상했습니다.

충청남도는 백제의 문화가 가장 많이 남아 있는 곳입니다. 475년(백제 문주왕 2)에 백제의 도읍을 한성(서울)에서 웅진(공주)으로 옮긴 다음, 660년 나당 연합군에 의해서 백제가 멸망할 때까지 185년 동안 찬란한 백제 문화의 꽃을 피운 지역이지요. 당시 백제는 한반도에서도 문화강국이었고, 일본에까지 문화를 전파했을 정도였습니다.

충청북도는 충청남도와 같은 호서 지역이지만 외부적인 변화가 심한 곳이었지요. 삼한 시대에는 마한이, 삼국 시대에는 백제가 청주와 보은 일부의 중부 지역을, 신라가 영동·옥천·보은 일부의 남부 지역을, 그리고 고구려가 제천·단양·충주·괴산·진천의 동북부 지역을 차지하기도 했습니다. 충청북도는 한반도의 가운데에 자리한 만큼 삼국통일의 활로를 열 수 있는 지리적 조건 때문에 그 어느 곳보다 삼국의 쟁탈전이 심했습니다. 그래서 충청남도와 달리 삼국의 문화를 고루 볼 수 있는 복합적인 문화를 가지고 있답니다.

서산 마애삼존불상

비인 5층 석탑

대전광역시

계족산을 비롯한 여러 산으로 둘러싸여 분지를 이루고 있는 대전은
너른 들판으로 이루어져 '한밭' 이라 불리기도 했습니다.
기름진 넓은 평야가 있어 예로부터 마을을 이룬 대전!
조선 시대 사대부들의 생활도 엿볼 수 있는 대전의
문화재 향기를 맡아 보고 싶지 않나요?

대덕 계족산성

[초등 사회 6-1, 중등 국사]
주소 대전광역시 대덕구 장동 산 85

계족산은 봉황산으로 불리기도 하는데, 산 이름에는 여러 가지 설이 전해지지요. 일제강점기 당시 봉황산이라는 이름을 낮춰 부르기 위해 산의 모습이 닭발처럼 뻗어 있다는 뜻으로, 계족산이라 부르기도 했다고 하고, 워낙 명산이라 본래 이름을 숨기려고 했다는 설도 있지요. 계족산은 "하늘이 가물 때 이 산이 울면 비가 내린다"고 《세종실록지리지》에 나와 있듯이 가뭄이 들 때 기우제를 지내기도 한 신성한 산이랍니다. 이 계족산의 정상을 돌로 빙 둘러 쌓은 산성이 바로 계족산성입니다.

대덕 계족산성은 삼국 시대 때 백제 산성으로 대전에서 가장 규모가 큰 산성입니다. 삼국 시대 당시, 대전은 백제와 신라가 맞닿은 곳으로 이 산성은 두 나라 사이에서 치열한 전투가 벌어졌던 곳 가운데 하나였지요. 이 계족산성에서 백제 부흥군과 김유신 장군이 이끄는 신라군이 싸웠는데, 백제군이 김유신 장군의 항복 요구에 굴하지 않고 끝까지 목숨 바쳐 싸웠다는 기록이 전해집니다. 그리고 대덕 계족산성은 조선 시대 말기에 동학농민군의 근거지가 되기도 했습니다.

대덕 계족산성은 숲과 골짜기가 어우러져 경관이 아름답지요.

정상에 전망대가 세워져 있어 주위를 훤히 내려다볼 수 있을 뿐만 아니라, 해맞이와 노을을 구경하기도 좋답니다. 남문을 통해 산성 안으로 들어가면 멀리 대청호가 한눈에 들어옵니다. 옛날에는 대청호에 봉수대가 있었습니다. 동벽으로 내려가면 우물과 저수지 터가 있고, 발굴 조사가 진행되고 있지요. 현재 대덕 계족산성에서는 장수의 지휘소로 사용하던 장대지를 포함해 십여 개

계족산성은 조선시대 말기에 동학 농민군의 근거지가 되기도 했대요.

의 건물터가 발견되었다고 합니다. 대덕 계족산성은 성벽 대부분의 흙을 깎아 내고 바깥쪽에 돌을 쌓아 만들었으나, 동벽 일부는 안팎으로 모두 돌을 쌓고 내부를 흙으로 채우는 방법을 사용했습니다.

이 계족산성은 백제의 산성이지만 백제 시대의 토기 조각뿐만 아니라, 통일신라 시대의 토기 조각, 고려·조선 시대의 자기 조각 등이 출토되었습니다. 계족산성이 금강 하류의 중요 지점으로 백제 이후에도 군사 요충지로 사용되었기 때문이랍니다.

회덕 동춘당

[초등 사회 6-1]

주소 대전광역시 대덕구 송촌동 192

옛날 사대부의 저택에는 본 건물과 떨어진 별채가 있었습니다. 이를 별당이라고 하는데, 여성들과 남성들을 위한 별당을 따로 지었지요. 여성들을 위한 별당은 안채와 가까운 곳에 내별당으로, 남성들을 위한 별당은 담장과 가까운 곳에 외별당으로 지었습니다. 외별당의 경우에는 당堂·정亭·대臺·각閣 등의 건물 이름을 지어서 연못이나 뜰과 함께 주변 경관을 감상하며 벗과 함께 쉴 수 있는 공간으로 사용했습니다. 대전에도 보물 209호로 지정된 독특한 구조의 별당이 있는데 바로 '동춘당' 이랍니다.

회덕 동춘당은 조선 효종 때의 문신이자 학자인 송준길 선생의 별당입니다. 원래 부친이 세운 집을 동쪽으로 조금 옮겨 다시

회덕 동춘당 조선 효종 때의 학자인 송준길 선생의 별당으로 동춘당 공원 안에 자리 잡고 있다.

동춘당의 연기 구멍 굴뚝을 따로 만들지 않고 왼쪽 온돌방 아래 주춧돌과 같은 높이로 연기 구멍을 뚫어 놓았다.

짓고 자신의 호 '동춘同春'을 붙여 '동춘당'이라고 이름 지었습니다. '늘 봄과 같다'는 뜻이지요.

송준길 선생은 효종 때 대사헌, 이조판서, 병조판서를 지냈습니다. 학문적으로는 우암 송시열 선생과 같은 경향의 성리학자였지요. 특히 예학에 밝고 율곡 이이의 학설을 지지했으며, 문장과 글씨에도 뛰어났다고 합니다. 동춘당에 걸린 현판은 송준길 선생이 죽은 다음, 우암 송시열의 글씨로 만들었습니다.

회덕 동춘당은 겉으로 봐서는 여느 한옥과 다를 바 없습니다. 규모도 크지 않고 간소한 차림이지요. 앞면 세 칸, 옆면 두 칸이며, 평면으로는 총 여섯 칸 가운데 오른쪽 네 칸은 대청마루이고, 왼쪽 두 칸은 온돌방입니다. 굴뚝을 따로 만들지 않고, 왼쪽 온돌방 아래 주춧돌과 같은 높이로 연기 구멍을 뚫어 놓았습니다. 온돌방에서 편히 쉬는 모습을 보이는 것은 유학자의 덕목이 아니라고 생각했기 때문이지요. 송준길 선생은 동춘당에서 독서와 교육을 하면서 인재를 양성했습니다.

대청의 앞면, 옆면, 뒷면에는 쪽마루를 내었고, 들어열개문을 달아 겨울에는 내려서 한기를 막고, 여름에는 위로 걷어 올려 통풍이 되게 하며 자연에 유연하게 대처하도록 만들었습니다. 회덕 동춘당에서 들어열개문을 모두 열면 가까이에 있는 계족산이 훤히 보일 정도로 경관이 좋습니다. 다만 최근 들어 이 지역 일대를 개발하는 바람에 볼 만한 주변 경관이 사라지고 있으니 안타깝습니다.

남간정사

[초등 사회 6-1]

주소 대전광역시 동구 가양동 65

대전의 우암 사적공원에 들어서자마자 왼편에 보이는 남간정사는 옛 운치가 넘치고 한옥의 기풍이 도드라지는 곳이랍니다. 오래된 나뭇결이 그대로 느껴지는 한옥 처마 밑 낡은 태극무늬조차 옛 숨결을 느끼게 하지요. 남간정사의 소담스러운 세살문, 문창호지로 들어오는 은은한 빛, 문을 열면 푸른 수목과 잔잔한 연못이 한눈에 들어옵니다. 이처럼 남간정사는 문을 열면 바로 아름다운 정원을 만끽할 수 있어 '간수 위에 떠 있는 공부방'이라는 찬사를

남간정사 조선 시대 후기의 유학자 우암 송시열 선생이 제자들을 가르쳤던 곳이다. 계곡 물이 건물 대청 밑을 지나 연못으로 흘러 들어가게 설계했다.

듣는 곳이지요.

　남간정사는 조선 시대 후기 대표적인 유학자 우암 송시열 선생이 제자들을 가르쳤던 곳으로 유서 깊지요. 대전 근교에서 어린 시절을 보낸 송시열 선생은 능인암이라는 서당을 짓고 제자들을 가르치다 만년에 능인암 아래에 큰 서당을 지었습니다. 이 큰 서당이 바로 지금의 남간정사랍니다.

　남간정사가 다른 서당에 비해 특별한 까닭은 계곡에서 흘러 내려오는 물이 건물의 대청 밑을 지나 연못으로 흘러 들어가게 만들었기 때문입니다. 낮은 야산의 계곡 기슭에 지어진 건물은 주변 연못 및 수목들과 잘 어우러져 한 폭의 풍경화처럼 아름답지요. 실제로 남간정사의 정원은 우리나라 정원 조경사에 주목할 만한 사례라고 합니다.

　남간정사의 건물은 앞면 네 칸, 옆면 두 칸이며 지붕은 옆면에서 볼 때 여덟 팔八자 모양을 한 팔작지붕입니다. 가운데 두 칸을 대청마루로 만들고, 아궁이를 설치해 온돌방을 들였습니다.

　남간정사 오른편에는 우암 선생이 소제동에서 머물던 기국정이라는 정자가 있는데, 일제강점기에 이곳으로 옮겨 왔다고 합니다. 뒤편 언덕에는 우암 선생의 업적을 기리는 남간사가 있지요. 또한 남간정사의 장판각에는 우암 선생의 문집인 《송자대전》의 목판이 보관되어 있습니다.

　남간정사가 '서당'이 아니라 '정사'라고 이름 붙은 까닭은 개인이 세운 교육기관이라는 뜻이 강해서랍니다. 원래 정사라는 말은 인도에서 수행자들이 수도하던 큰 나무 밑이나 동굴과 같은 거처를 의미하는 비하라(Vihara)에서 유래되었지요. 비하라가 중국을 거치며 우리나라에 '정사'라는 말로 들어왔다고 합니다.

톡톡! 생각 주머니

우암 송시열 선생

우암 송시열은 조선 시대 중기 붕당정치가 절정에 이를 때, 서인 노론 당파의 우두머리이자 사상적 지주였습니다. 지금으로 보면 뛰어난 정당지도자라고 할 수 있지요. 송시열은 인조 11년 생원시에 장원급제해 인조의 아들인 봉림대군의 스승이 되었습니다. 1636년 병자호란 때는 인조를 모셨지만 조선이 청나라에 굴복하자, 시골로 내려가서 학업에 열중하며 제자들을 가르쳤습니다. 봉림대군이 효종에 즉위하자 관직에 나갔다가 한 차례 물러났지만, 다시 효종의 부름을 받아 효종과 함께 북벌 정책을 의논하기도 했지요.

송시열(1607~1689)

효종이 죽은 뒤, 효종의 계모인 조대비가 입을 상복을 둘러싸고 논쟁이 벌어지면서 허목, 윤휴, 권시 등의 남인들과 사이가 크게 벌어지고 당파 싸움이 심해졌습니다. 이 문제로 서인은 송시열을 따르는 노론과, 젊은 학자들로 이루어진 소론으로 나누어졌지요. 송시열은 장희빈의 아들인 경종을 세자로 책봉하는 것에 반대하다 귀양살이를 하게 되었고, 정읍에서 불려 올라오는 길에 사약을 받았습니다. 송시열은 충청도 유학자들의 대명사이자 조선 시대 후기의 대표적인 학자였지요. 주자학을 가장 철저히 연구해 주자학과 노론의 대들보 역할을 했

습니다. 그리고 의리와 도덕을 강조해 청나라를 정벌하고 명나라에 대한 신의를 지키고자 했던 인물이있습니다. 뛰어난 학자이자 정치가였던 송시열은 '우암'과 '화양동주'라는 두 개의 호가 있답니다.

충청남도

산이 낮고 물줄기가 풍부해 넓은 평야가 발달된 충청남도!
옛 백제의 도읍지인 공주와 부여를 중심으로
찬란한 백제 문화를 꽃피운 곳이랍니다.
그 덕분에 지금도 백제의 문화가 가장 많이 남아 있지요.

공주 공산성

[초등 사회 4-2]

주소 충청남도 공주시 산성동, 금성동
주요 문화재 공북루, 진남루, 쌍수정, 공산성 연지 등

공주 공산성은 백제가 고구려의 공격을 받아 도읍을 한성(서울)에서 웅진(공주)으로 옮기고, 다시 부여로 옮길 때까지 64년 동안 백제를 지킨 대표적인 산성 가운데 하나입니다. 북쪽으로 금강을 끼고 도는 공주 공산성은 한 나라의 도읍을 지키는 산성치고는 규모가 아담하지요. 해발 110미터의 야트막한 산에 지어진 산성이 어떻게 백제의 도읍인 웅진을 64년 동안 지켜냈을까요?

그것은 바로 공주 공산성이 천혜의 요새이기 때문입니다. S자로 구부러진 오르막에 위치한 성문과 성 뒤편에 금강과 인접한

공주 공산성 백제의 도읍지인 공주를 고구려로부터 64년 동안 지킨 대표적인 산성이다.

낭떠러지는 적군이 쉽사리 성 안으로 들어오지 못하게 합니다. 비록 활로를 뚫는 공격적인 부분이 약할지라도 수비하기에는 안성맞춤인 셈이지요. 천혜의 요새답게 백제가 멸망한 직후 의자왕이 잠시 머물기도 했고, 백제 부흥운동의 거점지로 통일신라 시대에 김헌창의 난이 일어나기도 한 역사가 있는 곳이지요.

공주 공산성은 원래 총 길이 2660미터, 높이 2.5미터, 폭 3미터의 흙을 쌓아 만든 토성이었습니다. 조선 시대 중기에는 부분적으로 돌을 쌓아 석성으로 고쳐 쌓았지요. 조선 인조가 이괄의 난을 피해 공주에 파천(임금이 도성을 떠나 다른 곳으로 피란하던 일)한 뒤로, 공산성은 '쌍수산성'으로 불리기도 했답니다.

지금은 성벽 위가 산책로로 만들어져 한 바퀴 도는 데 1시간 30분쯤 걸립니다. 성곽 주변으로 숲이 우거져 경관이 아름답고, 공기가 맑습니다. 특히 성 북쪽에서 보면 유유히 흐르는 금강이 시원스레 펼쳐져 있어 공산성 최고의 비경으로 꼽힙니다.

공주 공산성은 당시 주 출입문이었던 진남루를 비롯해 현재 정문 역할을 하는 금서루, 공북루, 동문루 등 네 개의 성문과 쌍수정, 임류각, 공산성 연지, 성내 사찰인 영은사 대웅전 같은 유적들이 많이 남아 있습니다. 특히 진남루 인근에 있는 백제 웅진시대의 왕궁 터와 왕과 신하가 연회를 열던 곳으로 백제 건축의 진수를 볼 수 있는 임류각, 백제 시대 연못의 원형이 잘 보존된 공산성 연지와 강변 누각인 만하루를 주목할 만합니다.

쌍수정은 백제의 유산이 아니라 조선 인조와 관련이 깊은 곳입니다. 인조는 쌍수정에서 이괄의 난이 평정되었다는 소식을 접

공주 공산성 공북루 공산성의 북문이며 금강가의 나루터에 있다.

하고, 반란 평정의 기쁨을 적은 비석을 쌍수정에 두었지요. 이밖에도 연꽃무늬 기와를 비롯해 백제 기와·토기 같은 유물들과 고려·조선 시대의 유물들이 많이 발견되었습니다.

공주 공산성은 538년(백제 성왕 16)에 부여로 도읍을 옮길 때까지 백제의 도성이었고, 조선 시대까지 지방 행정의 중심지였던 공주에서 상징적인 곳입니다. 그만큼 역사적 의미가 크고, 연구할 만한 가치가 있는 중요한 유적입니다. 봄가을에 토요일과 일요일마다 오후 2시부터 50~60명이 참여하는 수문병 교대식이 열리니 이 시기를 맞춰 탐방을 해 보면 좋겠지요?

공주 송산리 고분군

[초등 사회과 탐구 5-2, 초등 사회 6-1]
주소 충청남도 공주시 금성동 산 5-1

섬세하고 화려한 백제 문화의 특징은 고분에서도 잘 나타납니다. 공주의 송산리 고분군은 동쪽으로 공산성이 있고, 서쪽으로 곰나루의 금강이 있으며, 남쪽으로는 계룡산이 있어 풍수지리로 명당인 곳입니다. 이곳에는 백제 웅진 시대의 왕릉이 십여 기 이상 조성되어 있지요. 지금까지 발굴이 끝난 고분은 무령왕릉을 비롯한 고분 일곱 기입니다. 그러나 애석하게도 1~6호분 고분은 일제강점기에 모두 도굴되어 무덤의 주인을 알 수 없습니다. 백

공주 송산리 고분군 백제 25대 무령왕과 왕비가 합장된 무령왕릉과 백제 웅진 시대의 왕릉이 십여 기 이상 조성되어 있다.

무령왕릉 내부 백제 무령왕과 왕비가 함께 묻힌 능으로, 많은 국보급 유물이 나왔다.

제의 고분은 입구가 바로 있어서 걸어 들어갈 수 있는 것이 특징입니다. 그래서 도굴되기도 쉬웠지요. 다행히 7호분인 무령왕릉은 입구가 벽돌로 막힌 데다 얼핏 무덤처럼 보이지 않아 일제강점기의 도굴을 피할 수 있었습니다.

무령왕릉이 발견되자 공주 송산리 고분군까지 덩달아 유명세를 타게 되었지요. 무령왕릉은 삼국 시대 고분 가운데 유일하게 무덤의 주인이 밝혀진 고분으로, 무령왕릉으로 인해 공주 송산리 고분군이 왕릉이었으리라 추정하고 있습니다.

무령왕릉은 백제 25대 무령왕과 왕비가 합장된 능으로, 5호분과 6호분이 물에 잠기는 것을 막기 위해 배수로 공사를 하다가 우연히 발견되었습니다. 무령왕릉에서는 무덤의 주인공과 장례 의식을 알려주는 지석을 비롯해 왕의 신분을 알 수 있는 금은제의 화려한 장신구들이 무더기로 쏟아져 나왔습니다. 대부분 국보급 유물들이지요. 현재 국립공주박물관에 전시되어 있으며 대표적인 유물로는 왕과 왕비의 금관 및 금제 관장식, 금제 귀걸이, 금제 목걸이, 청동거울, 베개, 족침 등이 있습니다.

무령왕릉은 벽돌로 만든 지하 건축물로, 주로 연꽃을 소재로 벽돌의 표면을 장식해 모양이 화려합니다. 바닥에서 천장까지 높이가 3미터에 이르고, 입구와 널방의 천장은 아치형(활과 같은 곡선으로 된 형태)입니다. 무령왕릉은 백제 시대의 건축 수준, 예

무령왕릉 때문에 송산리 고분군이 유명해졌구나!

술적 감각, 그리고 사상적 배경을 이해하는 데 매우 중요한 자료로 평가받습니다.

무령왕릉을 포함한 공주 송산리 고분군은 현재 보존을 위해 직접 관람할 수 없습니다. 그 대신 모형관을 만들어 재현해 놓았지요. 무덤의 형태는 굴식 돌방무덤(횡혈식 석실묘)과 벽돌무덤, 두 가지가 있습니다. 굴식 돌방무덤은 백제가 웅진으로 도읍을 옮기기 전부터 사용하던 무덤 형태이지요. 땅을 깊이 파서 그 안에 돌로 묘실을 만들고 천장을 활 모양으로 둥글게 만든 것이 특징이지요. 5호분이 대표적인 굴식 돌방무덤입니다.

벽돌무덤 역시 땅을 파고 그 안에 묘실을 만든 무덤입니다. 천장이 터널처럼 되어 있는 것이 특징으로 6호분과 무령왕릉이 대표적인 벽돌무덤이지요. 특히 6호분은 내부에 진흙을 바르고 그 위에 횟가루로 청룡, 백호, 주작, 현무의 사신도를 그려 놓았습니다. 무령왕릉도 6호분처럼 연꽃무늬 벽돌로 가로 쌓기와 세로 쌓기를 반복해 벽을 쌓았고, 벽에는 다섯 개의 등자리가 있습니다.

백제의 섬세하고 화려한 문화를 고스란히 간직한 무령왕릉! 그렇기에 이미 도굴된 1~6호분의 고분군이 더욱 안타깝기만 합니다. 만약 1~6호분의 고분군이 온전히 보존되었다면 어땠을까요? 앞으로 우리 문화유산을 잘 지키고 보존하기 위해 힘껏 노력해야겠습니다. 우리가 후손들에게 물려줄 귀한 유산이니까요.

톡톡! 생각 주머니

백제의 왕, 무령왕은 누구일까요?

　백제 25대 무령왕(462~523)은 이름은 사마·융이고, 시호가 무령입니다. 키가 크고 외모가 출중했으며, 성품이 인자하고 민심을 잘 따랐다고 합니다. 동성왕을 뒤이어 왕위에 올랐고, 523년에 62세 나이로 세상을 떠날 때까지 23년 동안 백제를 다스렸지요. 재위하는 동안 국내외 여러 위기를 이겨 내고, 나라를 안정시키기 위해 노력했답니다. 안으로는 왕권을 강화하고, 민생을 안정시켰습니다. 특히 금강 주변에 제방을 튼튼히 쌓아 수리시설을 확충하고, 유랑민을 귀향시켜 농사를 짓게 하는 등 다양한 농업 진흥 정책을 펼쳤지요. 밖으로는 고구려가 자주 침입하자, 직접 군대를 이끌고 나가 격퇴시키는 등 국방 강화에도 힘썼습니다.

　또한 중국 남조에 여러 차례 사신을 파견하고 신라, 가야와도 가깝게 지내 강성한 고구려의 침입을 견제하고, 국가적 지위를 높이고자 했답니다. 무령왕 때는 중국의 선진문물을 많이 받아들여 독창적인 백제 문화가 활짝 꽃피우기도 했습니다.

마곡사

[초등 사회과 탐구 5-2]

주소 충청남도 공주시 사곡면 운암리 567
주요문화재 대웅보전, 대광보전, 석가모니불괘불탱 등
홈페이지 http://www.magoksa.or.kr

봄이면 신록이 물들고 봄꽃들이 흐드러지게 피는 모습이 아름다워서 '봄 마곡, 가을 갑사'라는 말이 있을 만큼 봄 경치가 좋은 곳이 바로 마곡사입니다.

마곡사는 지역에 마가 많기도 하거니와 설법을 들으러 온 신도들이 삼밭의 삼대처럼 빼곡하다고 '마곡'이라고 한 설과, 신라 무선 대사가 당나라 마곡보철 선사에게 배웠기 때문에 스승을 사모하는 마음에서 '마곡'이라고 이름 지었다는 설이 있지요.

마곡사는 경치가 수려할 뿐만 아니라 태화산 자락 깊숙이 자

마곡사 태화산 자락에 있는 절로 보물 802호인 대광보전과 원나라 라마교의 영향을 받은 마곡사 5층 석탑 등이 있다.

리해 예로부터 흉년이나 싸움이 없는 십승지지(나라 안에서 경치가 좋기로 유명한 열 곳으로, 전쟁이나 천재가 일어나도 안심하고 살 수 있다는 피난지를 이르는 말) 가운데 하나로 꼽힙니다. 그래서인지 《정감록》과 이중환의 《택리지》에서도 마곡사를 숨어 있기 좋은 곳으로 꼽습니다. 백범 김구 선생도 일본에게 죽임을 당한 명성왕후의 원수를 갚기 위해 일본 육군 중위 쓰시다를 살해한 다음 이곳에 숨어 있기도 했지요.

마곡사는 창건설이 분분하지만 대체로 백제 시대 말기 자장 율사가 세웠다고 봅니다. 고려 명종 때 보조 국사가 고쳐 짓고, 범일 국사가 보수했으며, 다시 도선 국사가 고쳐 지었습니다.

해탈문과 천왕문을 지나면 작은 부도밭이 보이고, 해탈교 왼편으로는 소담스런 담벼락 안에 스님들이 수행하는 곳인 영산전, 흥성루, 수선사 등이 있습니다.

마곡사는 구조가 유난히 독특합니다. 한가운데를 관통하는 개울을 경계로 남과 북이 별도의 절 건축을 구성하고 있습니다. 남쪽 절의 대표적인 전각은 영산전이고 북쪽은 대광보전인데, 남과 북은 서로 끊어진 듯 이어져 있답니다.

마곡사 영산전은 보물 800호로 마곡사에서 가장 오래된 목조 건물이지요. 조선 시대에 세조가 영산전이라는 현판을 직접 써서 내려보냈다고 합니다. 맞배지붕에 배흘림기둥인 외부뿐만 아니라 내부 공간도 볼 만합니다. 아홉 구의 불상과 그 주위로 1000여 구의 소불상이 있어 '천불전'이라고도 부릅니다.

보물 802호인 마곡사 대광보전은 임진왜란 때 불탄 것을

1651년에 각순 대사가 대웅보전과 함께 복원했으나 소실되어, 또다시 복원해 오늘에 이르고 있습니다. 팔작지붕으로 된 목조 건물로, 불단을 서쪽에 설치하고 그 위에 비로자나불상 한 구를 동쪽을 향해 앉힌 배치 방법은 부석사 무량수전과 비슷하지요.

마곡사 대웅보전은 보물 801호로, 몇 차례나 고쳐 지으며 본 모습을 많이 잃었지만, 우리나라에 몇 안 되는 2층 불전이지요. 팔작지붕과 배흘림기둥의 목조 건물로 건물 내부에는 높은 기둥이 층 마루 없이 곧게 늘어서 있고 천장은 우물천장(#자 모양으로 짬)입니다. 화엄사 각황전, 법주사 대웅전, 무량사 극락전이 이 불전과 함께 2층 구조입니다.

마곡사는 임진왜란과 한국전쟁을 용케 피한 절이라 아직까지 많은 문화재가 남아 있습니다. 대표적으로 마곡사 5층 석탑과 마곡사 석가모니불괘불탱이 있지요. 마곡사 5층 석탑은 보물 799호로 고려 시대 후기의 석탑입니다. 1782년 대광보전 화재 때 많이 파괴되었으나 현재 화강암으로 고쳐 쌓았지요. 1972년에 탑을 해체·보수할 때 향로와 문고리가 발견되었습니다. 2단의 기단 위에 5층으로 된 탑은 '풍마동'이라는 특이한 구조로, 원나라 라마교의 영향을 받은 탑이랍니다. 현재 세계에서 세 개밖에 없는 탑 형식입니다. 탑 꼭대기의 풍마동은 장식적이고 섬세하지만 너무 커서 탑과 조화가 잘 되지 않습니다.

마곡사 석가모니불괘불탱은 보물 1260호로, 석가모니불을 중심 불상으로 그린 괘불입니다. 이 괘불은 야외에서 큰 법회나 의식을 열 때 사용하던 대형 불화로, 중앙의 석가모니불을 중심으

로 6대 보살, 10대 제자, 제석천과 범천, 사천왕, 천자, 아수라, 용왕 등이 좌우 대칭으로 화면 가득히 그려져 있습니다. '천백억화신석가모니불'이란 석가의 이름과 함께 각 상들의 명칭도 기록되어 있어 불화 연구에 더욱 중요한 가치를 지니는 작품이지요.

이밖에도 마곡사에는 응진전·명부전·국사당·천왕문·해탈문·범종루 등의 상당수의 전각이 있고, 청동 향로·감지금니묘법연화경·감지은니묘법연화경 등 많은 문화재가 있습니다. 또 마곡사 5층 석탑 뒤에는 김구 선생이 심은 향나무도 볼 만합니다.

갑사

[초등 사회 5-2]

주소 충청남도 공주시 계룡면 중장리 52
홈페이지 http://www.gapsa.org
주요문화재 삼신불괘불탱, 철당간 및 지주, 월인석보 판목, 부도 등

갑사는 가는 길이 아름답기로 유명한데, 실제로 〈갑사로 가는 길〉이라는 수필이 고등학교 교과서에 실리기도 했습니다. 갑사는 계룡산의 서쪽 기슭에 자리하고 있습니다. 동쪽에는 동학사가 있지요. 예로부터 계룡산은 산세와 경관이 빼어나기로 널리 알려져 삼국 시대에는 백제를 대표하는 산으로 오악(토함산·계룡산·지리산·태백산·팔공산) 가운데 서악으로 이름을 날렸답니다. 갑사는 앞서 마곡사에서 나온 '봄 마곡, 가을 갑사' 라는 말에서 알

갑사 승려 아도 화상이 세운 절로 나라를 보호하고 지키는 호국 도량으로 유명하다.

갑사 부도 보물 257호로, 고려 시대 부도탑들 중에서도 뛰어난 작품으로 손꼽힌다.

수 있듯 가을 풍경이 빼어난 곳입니다. 노랗고 붉은 단풍이 우거진 숲길이 한 폭의 그림과도 같고, 빨갛게 익은 감이 고즈넉한 정취를 더합니다.

갑사는 계룡사·계룡갑사·갑사岬寺·갑사사甲士寺라고도 불렸는데, 420년(백제 구이신왕 원년)에 고구려에서 온 승려 아도 화상이 세웠다고 알려져 있습니다. 의상 대사가 화엄도량으로 고쳐 지으면서 화엄십찰의 하나가 되었지요. 갑사의 이름은 십간의 첫째로, 으뜸을 뜻하며 '나부터 시작하는 나의 부처님, 내가 주인공'이라는 의미를 지닌다고 해요.

갑사는 임진왜란 때까지만 해도 번성했는데, 1597년 정유재란(선조 30)으로 많은 전각이 불타 버렸습니다. 이후 고쳐 짓기를 거듭하다 고종에 이르러 대웅전과 진해당이 보수되고, 1899년 적묵당을 새로 지으면서 오늘에 이르고 있습니다. 갑사는 특히 나라를 지키고 보호하는 호국불교 도량으로 유명합니다. 갑사에 있던 영규 대사가 임진왜란 때 승병을 일으켜 왜적을 물리쳤기 때문이지요. 또한 갑사는 마곡사의 으뜸 말사(본사의 관리를 받는 작은 절)로 경내에는 15동의 불전과 승당, 부속 전각들이 있으며 주변 산골짜기 여러 곳에 산내 암자를 두고 있습니다.

갑사에는 국보급 유물들과 보물급 유물들이 있습니다. 국보 298호인 갑사 삼신불괘불탱은 비로자나불을 중심으로 석가와 노사나불 등 삼신불이 진리를 설법하고 있는 장면을 그린 괘불이지요. 가운데 부분의 비로자나불은 등 뒤로 광배가 있으며 오른손을 왼손으로 감싼 '지권인'의 손 모양을 하고 있습니다. 왼쪽

에 있는 노사나불은 두 손을 어깨까지 들어 올려 설법하는 자세를 취하며, 오른쪽의 석가불은 악귀를 물리친다는 뜻의 손 모양인 '항마촉지인'을 하고 있습니다.

갑사 동남쪽 기슭에는 보물 256호인 갑사 철당간 및 지주가 있습니다. 통일신라 시대의 유일한 당간이지요. 네 면에 구름무늬를 새긴 기단 위로 철당간을 높게 세우고 양옆에 당간 지주를 세웠습니다. 당간의 철통은 원래 28개를 연결했는데, 고종 때 벼락을 맞아 지금은 24개만 남아 있습니다. 소박한 두 지주와 어우러진 철당간은 장중한 느낌을 줍니다.

그밖에도 갑사에는 보물급 유물인 부도, 동종, 월인석보 판목이 있습니다. 갑사 부도는 보물 257호로, 전체가 팔각으로 이루어져 있으며 3단의 기단 위에 탑을 올리고 지붕돌을 얹은 형태입니다. 이 부도는 아래 받침돌에 사자·구름·용을 대담하게 조각해 놓았지요. 가운데 받침돌에도 꽃 모양의 장식과 주악천인상(천인天人이 악기를 연주하는 모습)을 새겼고, 탑을 받치는 윗받침돌에도 연꽃을 둘러 새겨 놓아 조각이 유난히 도드라져 보이는 부도입니다.

보물 478호인 갑사 동종은 국왕의 만수무강을 빌며 1584년(선조 17)에 만들어졌습니다. 종의 몸체에 만든 시기를 새긴 '갑사사'라는 표기가 있습니다. 갑사 동종은 일제강점기 때 헌납(돈이나 물건을 받침)이라는 명목으로 강제로 바쳤다가 광복 후 갑사로 옮겨 왔으며, 우리 민족과 수난을 같이한 종이랍니다.

갑사 동종 국왕의 만수무강을 빌기 위해 선조 17년에 만들어졌으며 종의 몸체에 만든 시기를 새긴 명문이 있다.

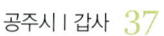

마지막으로 세조 2년간 월인석보 판목이 있습니다. 보물 582호로, 월인석보를 책으로 찍어 내던 판각으로서 우리나라에 유일하게 남아 있는 판목입니다. 월인석보는 세조 때 편찬한 불교대장경으로, 석가모니의 일대기를 적은 것입니다.

톡톡! 생각 주머니

임진왜란 때 최초의 승병을 일으킨 기허 대사

기허 대사는 임진왜란 당시 최초로 승려들로 조직된 군대를 일으킨 영규 대사의 다른 이름입니다. 갑사에서 출가해 서산 대사 휴정의 제자가 되었고, 사명 대사와 함께 같은 스승에게 법을 받았지요. 워낙 힘이 장사였고, 무기를 잘 다루었다고 합니다. 1592년(선조 25)에 임진왜란이 일어나자 기허 대사는 왜적과 싸우고자 했지만 대중의 호응이 없었답니다. 그래서 기허 대사는 3일 밤낮으로 통곡을 했고, 이에 대중이 감동해 수백에 이르는 의·승병을 조직할 수 있었습니다.

기허 대사는 승려 700명을 엄격히 선발했고, 청주 지방의 승려 300명을 포함한 1000명의 승병으로 왜적과 대적해 청주성과 옥천성 전투에서 승리를 거두었습니다. 하지만 안타깝게도 금산에서 왜군과 싸우다 전사하고 말았지요. 비록 기허 대사는 전사했지만 전국 곳곳에서 기허 대사의 뜻을 이은 승병들이 일어나 임진왜란이 끝날 때까지 왜적과 맞섰습니다. 갑사에서는 나라를 위해 목숨을 바친 기허 대사를 기리기 위해 표충원을 세워 휴정과 유정, 기허 대사의 영정을 모시고 있답니다.

톡톡! 이야기 주머니

괴목대신제의 유래

나무가 도둑질을 한다면 누가 믿을까요? 약 300여 년 전에 갑사에서 있었던 일입니다. 갑사에서 밤새 불을 켜두는 장명등에 어느 날부턴가 기름이 없어지기 시작했습니다. 이를 이상히 생각한 스님들은 이유를 밝히고자 밤에 장명등을 지키고 있었지요. 밤이 깊어지자 덩치 큰 물체가 장명등에 다가와 기름을 훔쳐갔습니다. 놀란 스님들이 뒤따라가 보니 바로 당산신인 괴목이었습니다. 기름을 훔친 이유를 묻자, 당산신은 사람들이 담뱃불로 자기에게 낸 상처를 치유하기 위해 장명등 기름을 발랐다고 했습니다. 이에 스님들이 마을 사람들과 함께 괴목 주위를 잘 정리했더니, 그 뒤로 갑사의 장명등 기름이 없어지지 않았다고 합니다. 마을에 돌았던 역병도 사라졌지요. 이후, 스님들과 마을 주민들은 당산신 괴목에게 해마다 정월 초사흘에 제사를 지내기 시작했다고 합니다. 임진왜란 당시 조중봉 선생과 기허 대사가 금산벌 작전 계획을 세운 장소도 바로 이 나무 아래였다고 전해집니다. 지금은 16년 전 태풍으로 밑동만 남아 있습니다.

나무가 도둑질을 한다고? 그래서 괴목에게 제사를 지냈구나.

공주 반죽동 당간 지주

[초등 사회 4-2]
주소 충청남도 공주시 반죽동 301

공주 반죽동 당간 지주 한국전쟁 때 받침돌과 기둥의 아랫부분이 많이 손상되었으나, 전체적으로 소박하고 간결하다.

공주 반죽동 마을 가운데에는 서로 마주 보고 선 당간 지주가 있습니다. 당간 지주는 당이라는 깃발을 달아매는 당간을 받치는 기둥을 말하지요. 보물 150호로 지정된 공주 반죽동 당간 지주는 오랜 세월을 지내는 동안 당간은 없어지고 현재 지주만 남았습니다. 일제강점기에 '대통大通'이라는 기와가 발견되어 이곳이 백제 시대 대통사의 절터라는 사실을 알게 되었습니다. 하지만 당간 지주는 받침돌에 새겨진 눈 모양의 장식인 안상으로 보아 백제 시대가 아니라 통일신라 시대의 작품으로 봅니다. 이곳에서 연꽃을 담아 절을 장식했던 석조가 두 개 발굴되었는데, 모두 국립공주박물관에서 소장하고 있지요.

공주 반죽동 당간 지주는 원래 탑과 중문 사이에 서 있었으리라 추정합니다. 일반적인 당간 지주와 마찬가지로 서로 마주 보고 서 있으며 특별한 장식이 없는 소박한 형태입니다. 안쪽은 일직선으로 되어 있고, 바깥쪽은 기둥머리 부분에서 둥글게 깎아놓았습니다. 테두리에는 굵은 띠 모양을 둘렀지요. 안쪽에는 당간을 고정시키기 위한 구멍이 있습니다. 당간 지주를 받치고 있는 기단 부분은 한국전쟁 때 폭격을 맞아 손상된 상태라고 합니다.

당간 지주는 깃발을 달아매는 당간의 받침 기둥이래요.

신원사

[초등 사회 4-2]

주소 충청남도 공주시 계룡면 양화리 8
주요 문화재 노사나불괘불탱, 중악단 등

예로부터 신령스러운 산으로 알려진 계룡산에는 유명 사찰이 세 곳이나 있습니다. 바로 동학사와 갑사, 신원사지요. 계룡산 남쪽 기슭에 있는 신원사는 백제 의자왕 때 보덕 화상이 세운 천년 고찰입니다. 신원사는 신라 이래로 산신제를 올리던 곳으로 산을 숭배하던 산신 신앙이 강하게 남아 있는 계룡산과 성격이 잘 맞는 절이지요. 조선 태조도 이곳에서 산신제를 올렸습니다.

보물 1293호로 지정된 계룡산 중악단은 일종의 산신각으로

신원사 계룡산의 대표적인 사찰의 하나로서 백제 의자왕 때 보덕 화상이 세웠으며, 신라 이래로 산신제를 올리던 곳이다.

산신제를 지내던 곳입니다. 우리나라 절에는 보통 산신각이 있는데, 산에 절을 지어 들어온 불교가 산신들에 대한 예의로 산신각을 지었다고 합니다. 중악단은 계룡산신의 제단이라고 해서 '계룡단' 이라고 불렸습니다.

조선 태조는 묘향산을 상악, 지리산을 하악, 계룡산을 중악이라 해 산신각을 두고 국가적으로 산신제를 지내게 했습니다. 중악단은 유교의식이 강했던 효종 때에 이르러 철거가 되었고, 고종 때에 복원하면서 중악단이라 불리게 되었지요. 현재는 상악단과 하악단이 없어지고 중악단만 남아, 국가 차원에서 산신제를 지내던 유일한 유적이 되었습니다. 국가 차원에서 산신제를 지내던 곳이라 그럴까요? 건물 양식이 궁궐 양식을 따르고 있습니다. 세 칸짜리 대문을 두 번 지나야 내부로 들어갈 수 있고, 앞면 세 칸, 옆면 세 칸의 팔작지붕에 다포양식의 건물입니다. 추녀마루 위에는 일곱 개의 요괴들을 쫓는 각종 동물 조각상인 잡상을 올려놓아 마치 궁궐을 보는 듯합니다. 담장의 문양이나 바닥에 놓인 길도 궁궐양식과 몹시 흡사하지요.

신원사는 산신 신앙뿐만 아니라 불교의 흔적도 진하게 남아 있지요. 신원사는 임진왜란 때 불타 버려 다시 고쳐 지었습니다. 불교와 산신 신앙, 국가적인 의식이 결합된 아주 의미 깊은 사찰로, 꼭 한번 둘러보세요.

국보 299호로 지정된 신원사 노사나불괘불탱은 영취산에서 부처가 설법하는 장면을 그린 영산회상도입니다. 보통은 비로자나불을 대표해 그리지만 이곳의 괘불은 노사나불을 중심으로 그

렸지요. 노사나불을 화면 가득히 채우고, 주변으로 10대 보살과 10대 제자, 사천왕 등을 둘렀습니다. 오색 빛이 마치 색동물결처럼 노사나불 주변을 밝히고, 그 사이로 불상들이 그려져 있지요. 또 부처의 머리에 쓰는 보관의 주변에도 불상을 섬세하게 그려 놓았습니다. 이 노사나불괘불탱은 1644년(인조 22)에 제작되었으며, 중심 불상을 비롯해 10대 제자들의 모습이나 작은 장식을 아주 섬세하게 표현해 몹시 뛰어난 작품으로 평가받습니다. 이 괘불은 실제 크기가 너무 커서 직접 보기가 힘들다고 합니다. 그래서 축소한 모습만 대웅전에서 볼 수 있답니다.

임진왜란 때 불타 버려 다시 짓게 된 신원사! 신원사에서 불교와 산신 신앙, 국가 의식의 역사를 한번에 만나 보는 건 어떨까요?

산신님! 부디 우리나라 잘 살게 해주세요!

관촉사

[중등 국사]

주소 충청남도 논산시 은진면 관촉동 254
주요문화재 석조미륵보살입상, 석등 등

논산 시내에서 조금 떨어진 곳에 야트막한 산이 있습니다. 이 산은 그 일대를 넓게 조망하는 산으로 화강암이 드문드문 드러난 모습이 신비한 반야산입니다. 반야산에는 은진미륵을 모신 관촉사라는 절이 있지요. 관촉사는 마치 부처의 공덕을 널리 퍼뜨리기 위한 절로 보입니다. 산 이름도 불교의 지혜를 뜻하는 '반야'인 데다 은진미륵보살이 있고, 절 주변으로 조성된 연꽃 가득한 연못이 있기 때문이지요.

관촉사는 공주 마곡사의 관리를 받는 절로 고려 광종 때 혜명 대사가 세웠습니다. 절의 창건 설화에서 알 수 있듯이 은진미륵 때문에 세워진 절이지요. 옛날 중국의 지안이라는 명승이 이곳에 와서 은진미륵을 보고, "아아, 마치 촛불을 보는 것처럼 미륵이 빛난다"고 감탄하며 절을

관촉사 석조미륵보살입상 조선 시대 이전의 것으로는 국내 최대의 석조미륵보살입상이다.

해서 관촉사라는 이름이 붙여졌다고 합니다.

관촉사는 미륵불, 석등, 배례탑, 배례석, 관음전이 남쪽을 향해 일직선으로 배치되어 아늑한 느낌을 줍니다. 특히 미륵전이라 불리는 관음전에는 불상을 따로 모시지 않고 법당 밖의 은진미륵이 보이도록 창을 두어 참배할 수 있도록 되어 있지요.

관촉사는 워낙 은진미륵으로 유명하지만 사찰의 이곳저곳을 살펴보는 재미도 있습니다.

터널 모양처럼 생긴 관촉사 석문은 독특한 모양으로 사찰로 들어가는 계단 맨 위쪽에 세워져 있습니다. 부처님께 예를 올리던 곳에 놓은 직사각형의 받침으로 된 배례석은 윗면 가운데 커다란 연꽃을 중심으로 좌우에 그보다 작은 연꽃 두 송이를 새겼습니다. 배례석 옆에 있는 석탑은 많이 닳고 일부가 없어졌지만, 오히려 세월의 흔적이 느껴져서 정감이 갑니다. 삼성각을 오르는 돌계단도 자연스러움을 간직하고 있답니다.

그럼, 관촉사를 대표하는 두 가지 보물을 살펴볼까요?

관촉사에서 유명한 문화재는 관촉사 석조미륵보살입상과 관촉사 석등입니다. 관촉사 석조미륵보살입상은 보물 218호로, 은진미륵을 말해요. 미륵불은 56억 7천만 년이 지난 뒤에 그때까지도 못다 구제된 중생들을 위해 나타난다는 미래불로 대개 산이나 들 등 바깥에 세워진 경우가 많습니다. 전체 높이가 18.12미터로 조선 시대 이전의 것으로는 국내 최대의 석조미륵보살입상입니다. 고려 광종 때 조정의 명을 받아 불상을 조성해 무려 37년이 지난 목종 때 완성되었지요. 은진미륵은 경내의 서쪽에 우뚝 서 있는데 두 발은 모두 자연석인 화강암 위에 조각해 놓았습니다. 얼굴과 보관이 하나인 머리 부분이 한 돌이고, 가슴 부분이 한 돌, 허리 아랫부분이 한 돌인 세 부분으로 구성되었습니다. 언뜻 보면 조금 못생긴 불상으로 보이는데, 몸체에 비해 거대한 머리, 찢어진 눈, 뭉툭하게 생긴 납작코, 통통한 볼이 토속적인 느낌을 줍니다.

관촉사 석등은 보물 232호로, 은진미륵 앞에 놓인 사각 석등입니다. 불을 밝혀 두는 화사석이 중심이 되어, 아래에는 3단의 받침돌을 쌓고, 위로는 지붕돌과 머리 장식을 얹었습니다. 굵직한 연꽃무늬 조각이 두드러진 이 석등은 군데군데 꽃봉오리 모양의 장식과 꽃 조각이 화려해 보이고, 규모가 큰 만큼 힘찬 느낌을 줍니다. 은진미륵과 같은 시기에 지어졌다고 알려져 있는데, 남한에서는 화엄사 각황전 앞 석등 다음으로 거대한 규모라고 합니다.

관촉사 석등 남한에서는 화엄사 각황전 앞 석등 다음으로 거대한 규모이다.

톡톡! 이야기 주머니

은진미륵 설화

고려 광종 때의 일입니다. 한 여인이 반야산에 나물을 캐러 갔습니다. 한참 고사리를 뜯고 있는데, 어디선가 아이 우는 소리가 들렸어요. 얼른 달려가 보니 아이는 없고 땅이 쩍 갈라지며 큰 바위가 땅에서 솟아나고 있었지요. 여인은 얼른 마을 원님에게 이 사실을 전했습니다. 원님도 확인해 보니 정말 큰 바위가 솟아나 있었지요. 이 신기한 일이

널리 알려지면서 광종은 바위에 불상을 조성하라고 혜명 대사에게 명했습니다. 혜명 대사는 석수들을 이끌고 가서 은진미륵을 어렵사리 완성시켰습니다.

은진미륵이 완성된 다음, 북쪽에서 오랑캐가 쳐들어왔습니다. 그런데 큰 강이 나타났습니다. 오랑캐들이 강을 건너기 직전에 삿갓을 쓴 스님이 나타나 강을 건넜다고 합니다. 강을 건너는 스님을 본 오랑캐들은 안심하고 스님을 따라 강을 건넜는데 모두 강물에 빠지고 말았습니다. 화가 난 오랑캐 장수는 칼로 스님을 베려고 했지만, 스님이 몸을 피해 갓의 한쪽 귀퉁이만 떨어져 나갔습니다. 전해 내려오는 말에 따르면 이 스님이 바로 은진미륵이라고 합니다. 은진미륵의 갓 한쪽 귀퉁이가 기운 것은 정말 그 때문일까요?

개태사지 석불입상

[초등 사회과 탐구 6-1]
주소 충청남도 논산시 연산면 천호리 108

　백제의 계백 장군과 신라의 김유신 장군이 전투를 벌였던 황산벌은 백제와 신라만의 전투지가 아니었습니다. 이곳은 고려를 세운 태조 왕건이 후백제 세력을 물리친 곳으로, 군사적으로나 지리적으로 매우 중요한 지역이었지요. 그래서 왕건은 이곳에 나라를 여는 기틀을 마련했다는 의미로 개태사라는 절을 세웠습니다. 이후, 사람들은 절 안에 태조 왕건의 초상화를 모셔 두고 전쟁의 기미가 보이면 이곳에서 기원문을 올려 나라의 태평성대를 빌었다고 합니다.

개태사지 석불입상 화강암으로 만든 고려 시대의 불상으로 중심 불상과 양쪽 협시보살로 삼존불 형식을 한 불상이다.

태조 왕건(877~943)

태조 왕건이 세운 절이니 절의 규모가 보통은 아니었겠지요. 한 마을 전체가 절일 정도로 큰 규모였으며, 개태사에서 나온 쇠솥은 수백 명의 승려가 먹을 수 있는 국을 끓일 정도로 큰 솥이었다고 합니다. 하지만 개태사는 홍수와 왜구의 약탈로 차츰차츰 기울어져 절터만 남게 되었습니다. 훗날 다시 개태사를 세우기는 했지만 예전에 비할 바가 아니랍니다. 지금은 개태사를 세울 당시 조성했다고 추정되는 개태사지 석불입상과 석탑, 쇠솥만이 남아 옛날의 흔적을 보여 줍니다.

개태사지 석불입상은 보물 219호로 중심 불상과 양쪽 협시보살로 삼존불 형식을 한 불상입니다. 중심 불상은 민머리에 둥글고 평평한 얼굴을 하고 있으며 오른손은 가슴에 들고 왼손은 배에 대어 무엇을 잡은 것처럼 만들어져 있고, 몸은 두루뭉술한 것이 조금 둔해 보입니다. 왼쪽 협시보살은 중심 불상과 기본적인 수법이 큰 차이가 없지만 얼굴·어깨·가슴은 보다 부드럽게 처리되었고 조각이 화려하고 섬세하게 표현되었지요. 이 보살은 머리 부분이 없어진 것을 복원한 것입니다. 오른쪽 협시보살도 왼쪽 보살과 거의 같은 수법으로, 두건 같은 머리, 귀의 중간을 타고 흐르는 한 가닥의 머리카락 등은 고려 시대 초기의 양식을 그대로 보여 주고 있습니다. 불상의 전체적인 모습이 단정하면서도 통통한 몸집, 큼직한 두 손과 부피감 있는 팔, 다소 두꺼워진 옷과 선으로 새긴 옷의 주름 등이 고려 시대 초기의 양식을 보여 줍니다. 고려 시대 초기 지방 석불상으로는 우수한 작품으로 평가 받습니다.

성주사지

[초등 사회 6-1]

주소 충청남도 보령시 성주면 성주리 72
주요문화재 낭혜 화상 백월보광탑비, 5층 석탑, 중앙 3층 석탑, 서 3층 석탑 등

성주산 앞 너른 터에 오래된 석탑 네 기가 늠름하게 서 있습니다. 앞에 한 기가 서 있고, 뒤에 세 기가 서 있는 이곳은 신라 시대 말기 구산선문 가운데 하나로 이름 높았던 성주사가 있던 터입니다. 절은 오간 데 없고 석탑을 비롯한 여러 석물들만 남아 있지요.

맨 앞에 서 있는 석탑은 성주사지 5층 석탑으로 보물 19호입니다. 2단의 기단 위에 5층의 몸돌과 지붕돌을 쌓은 신라 시대 말기 석탑으로 절의 중심을 잡아 주는 탑으로 보입니다. 이 석탑 뒤로 세 기의 탑이 보좌하듯 서 있는 모습이 무척 특이하지요. 성주사지 5층 석탑은 하층 기단이 약간 손상된 것을 빼면 전체적으로 형태가 완전합니다. 한눈에 보아도 시원하게 뻗어 있을 뿐만 아니라, 모양이나 형식면에서도 아름다운 탑이지요.

성주사지 5층 석탑 1층 몸돌 아래에 굄돌을 끼워 두어 새로운 형식으로 보인다.

성주사지 5층 석탑 뒤에 나란히 서 있는 석탑 세 기 중 가운데 있는 탑은 성주사지 중앙 3층 석탑입니다. 통일신라 시대의 석탑으로 보물 20호이지요. 2단의 기단 위에 3층의 몸돌과 지붕돌을 올렸으며, 양옆에 있는 3층 석탑과 형태가 같습니다. 이 탑은 경쾌한 느낌을 주는 탑으로 문짝 모양이나 자물쇠 모양 등의 조각이 매우 화려하고, 탑의 비례 또한 균형감이 있어 세 탑 가운데 가장 잘생겼다고 할 수 있습니다. 탑 추녀 끝에 유난히 구멍이 많은 것은 풍경 같은 장식을 달았던 것으로 보입니다.

세 기의 석탑 가운데 서쪽에 위치한 성주사지 서 3층 석탑은 보물 47호로 2단의 기단 위에 3층의 몸돌과 지붕돌을 올린 신라 석탑의 기본형을 가장 잘 계승하고 있는 석탑이지요. 다른 두 탑에 비해 각부의 너비가 넓어 매우 장중한 느낌을 줍니다.

　이밖에도 지방문화재로 지정된 성주사지 동 3층 석탑, 제작 시기가 조선 시대로 추정되는 석등, 심하게 닳고 훼손된 석불상 등이 옛 절터를 지키고 있습니다.

　성주사는 신라 문성왕 때 무염 국사가 새로 보수한 절입니다. 보령이 백제의 땅이었던 만큼 성주사는 599년, 백제 법왕이 왕자 시절 전쟁에서 전사한 병사들의 넋을 기리기 위해 세운 절이라고 해요. 절을 세운 당시에는 '오합사'라고 불렸는데, 통일신라 시대 말기 '성인이 거하는 절'이라는 뜻으로 성주사라 불렀지요. 여기서 성인은 성주사를 다시 지은 무염 국사를 말합니다. 무염 국사가 이 절의 주지로 있을 때만 해도 전각의 수는 1000여 개에 이르렀으며 머무는 승려의 수가 2000여 명에 달했습니다. 그런데 안타깝게도 임진왜란으로 불타 버렸습니다.

　그 옛날 명성이 자자했던 절이라서 그런지 사적 307호로 지정된 성주사지에는 백제 시대에서 통일신라 시대, 고려 시대, 조선 시대 초기에 이르는 역사적 유물들이 발굴되고 있습니다.

성주사지 성주사가 있던 터로 오래된 석탑 네 기가 있다. 성주사는 임진왜란 때 불타 버리고 절터만 남았다.

성주사 낭혜 화상 백월보광탑비
통일신라 시대 탑비 중에서 가장 크고 아름다운 조각 솜씨에 최고의 수준을 자랑한다.

특히 무염 국사의 부도비인 성주사 낭혜 화상 백월보광탑비는 국보 8호로 지정되었지요. 신라 진성여왕 2년에 무염 국사가 이 절에서 돌아가시자 왕은 시호를 '낭혜'라 하고, 탑 이름을 '백월보광'이라 내렸습니다. 현재 전각 안에 있는 부도비는 신라 부도비 가운데 가장 큰 규모입니다. 신라의 대문장가 고운 최치원 선생이 글을 짓고 그의 조카 최인곤이 글씨를 써서 더욱 유명하지요. 이 탑비는 지금도 원형이 뚜렷하게 남아 있습니다. 아마도 재질이 강하고 아름다워 세월이 지날수록 더욱 빛을 발한다는 성주산이 주산지인 남포오석이라는 돌 때문인가 봅니다. 비를 받치고 있는 거북 받침돌은 머리 부분이 일부 깨져 나갔지만 그 외는 무척 섬세한 조각으로 마치 살아 있는 듯합니다.

이밖에도 성주사지에는 그동안 진행된 발굴 조사로 금당지, 삼천불전지, 회랑지, 중문지 등의 건물 터가 드러나 있습니다.

톡톡! 생각 주머니

낭혜 화상 무염은 어떤 분일까요?

낭혜 화상은 신라 시대 말기의 스님입니다. 낭혜는 돌아가신 후에 진성여왕이 내린 시호이고, 무염 국사로 불렸지요. 태종 무열왕의 8세

손으로 태어난 무염 국사는 열세 살에 설악산 오색석사에서 출가했습니다. 그리고 21세에 당나라에 가서 선 수행에 몰두했지요. 우리가 보통 서로의 마음이 통한다는 말을 할 때 '이심전심'이라는 말을 쓰는데, 바로 이 말을 알린 스님이지요. 불교가 교리에 있는 것이 아니라 마음의 깨달음에 있다는 선종의 가르침이지요. 이후, 신라로 돌아와서 선종의 가르침을 알리기 위해 선종 구산선문의 하나인 성주산문을 이루었습니다. 무염 국사가 당나라에 있을 때 당나라의 여만 선사라는 스님이 "내가 많은 사람을 만나 보았지만 이와 같은 신라 사람은 아직 본 적이 없다. 뒷날 중국이 선풍禪風을 잃어버리는 날에는 중국 사람들이 신라로 가서 선법을 물어야 할 것이다"라고 칭찬한 분이 바로 무염 국사입니다. 깨우침을 가지고 중국 곳곳을 다니며 가난한 사람들을 보살펴 '동방대보살'이라고도 불렸답니다. 그래서 신라에서도 그를 '성인'이라 불렀고, 성주사도 '성인이 머무는 곳'이라 했던 모양입니다.

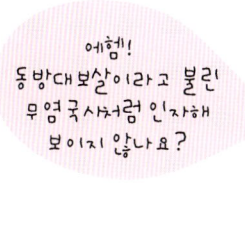

개심사

[중등 국사]

주소 충청남도 서산시 운산면 신창리 11-5
홈페이지 http://www.gaesimsa.com
주요 문화재 대웅전, 심검당, 영산회괘불탱 등

개심사는 '마음을 여는 절'이라는 뜻입니다. 아담한 절이지만 자연의 멋이 한껏 느껴지는 절이지요. 개심사를 향해 숲길을 따라 걷다 보면 연못 하나가 보입니다. 개심사가 있는 상왕산이 코끼리 모양이라 목을 축이라는 뜻에서 연못이 만들어졌다고 합니다. 연못에는 개심사로 통하는 외나무다리가 있어 아주 멋스러운 정취를 자아냅니다.

개심사는 백제 의자왕 때 혜감 스님이 세웠으며 처음에는 개원사로 불렸습니다. 1350년(고려 충정왕 2)에 처능 스님이 고쳐

개심사 조선 시대 초기의 목조 건물의 형태를 그대로 느낄 수 있는 개심사는 마음을 열게 하는 절이라는 뜻이다.

개심사 명부전 조선 시대 건물로 자연석을 다듬어 기단을 만들고 다듬지 않은 주춧돌에 원형기둥을 세웠다.

지으면서 개심사로 불렀습니다. 이곳은 임진왜란 때 피해를 별로 입지 않아 조선 시대 초기의 건물을 그대로 느낄 수 있답니다. 개심사의 대표적인 건물로는 대웅전과 심검당, 명부전이 있는데, 나무의 곡선을 살린 기둥이며 서까래가 아주 아름답습니다.

특히 개심사 대웅전은 보물 143호로 조선 시대 초기의 건물 양식을 볼 수 있는 목조 건물입니다. 651년(신라 진덕여왕 5)에 세웠으며, 1484년(성종 15)에 고쳐 지어 지금까지 유지되고 있습니다. 앞면 세 칸과 옆면 세 칸으로 맞배지붕에 다포양식이지만, 조선 시대 초기의 대표적인 주심포양식도 남아 있습니다. 다른 대웅전이 길쭉한 형태를 하고 있는 반면, 개심사 대웅전은 네모반듯한 모양을 하고 있습니다. 또한 지붕에는 기와가 떨어지는 것을 막기 위해 백자로 구운 눌림돌이 얹혀 있지요.

개심사에는 석가불을 중심 불상으로 그린 대형 괘불이 있습니다. 바로 보물 1264호로 지정된 개심사 영산회괘불탱이지요. 이 괘불은 석가의 모습을 다소 비현실적으로 그렸지요. 전체적으

로 모습이 비대하고 둥글며 특히 하체 부분이 짧은 편입니다. 풍성한 석가를 표현해 풍요를 기원한 것으로 보입니다. 이 괘불은 1772년(영조 48)에 임금과 왕비, 세자의 만수무강을 기원하기 위해 그려졌다고 합니다. 주로 붉은색과 녹색을 썼지만 붉은색이 강해서 매우 화려하지요. 석가불의 주변에 있는 협시보살과 모란 줄기, 연꽃무늬를 비롯한 장식들이 화려한 분위기를 더해 줍니다.

개심사는 마음을 열게 하고, 마음의 평화를 주는 절입니다. 좁은 마당이 답답하지 않을 정도로 아름다운 풍경이 있지요. 아래에 구멍이 뚫린 범종각과 작은 해우소도 볼 만하니 꼭 놓치지 마세요.

서산 보원사지

[초등 사회 6-1]

주소 충청남도 서산시 운산면 용현리 150
주요문화재 석조, 당간 지주, 5층 석탑, 법인 국사 보승탑·비 등

    서산에 있는 보원사지는 여느 초등학교 운동장보다 훨씬 큰 절터입니다. 보물이 자그마치 다섯 개나 있으며 지금도 발굴이 이루어지고 있지요. 보원사는 관련 문헌 기록이 없어 언제 세워지고 언제 문을 닫았는지 정확히 알 수 없습니다. 다만 출토된 유물로 보아 백제 시대 때 세워졌다고 추정하지요. 보원사지 근처에는 서산 마애삼존불상을 비롯해 불교유적이 많아 이곳 역시 불교문화의 중심지 역할을 했으리라고 봅니다. 절터의 규모나 보원

서산 보원사지 서산의 보원사지는 절터의 규모나 승려 1000여 명이 머물렀다는 기록으로 보아 꽤 큰 절이었다고 짐작되는 절터이다.

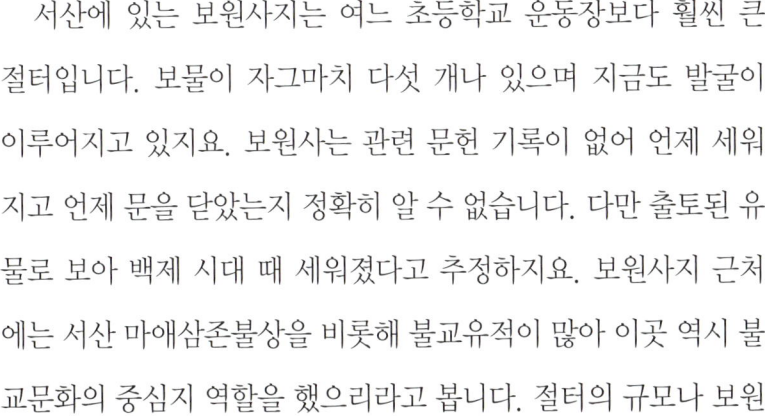

사 법인 국사 보승탑비에 승려 1000여 명이 머물렀다는 기록으로 보아 꽤 큰 절이라고 짐작할 수 있지요.

현재 이곳에는 보원사지 석조, 보원사지 당간 지주, 보원사지 5층 석탑, 보원사 법인 국사 보승탑, 보원사 법인 국사 보승탑비 등 많은 문화재가 남아 있습니다.

보물 103호로 지정된 보원사지 당간 지주는 시원하게 뻗어 있는 당간 지주입니다. 지주 안쪽에는 별 장식이 없고, 바깥에는 넓은 띠가 길게 새겨져 있지요. 기둥의 윗부분은 안쪽에서 바깥쪽으로 모를 둥글게 깎아 놓았고, 아래로 내려갈수록 폭이 넓어 안정감을 줍니다. 통일신라 시대의 작품으로 추정되는 당간 지주입니다.

고려 시대 석탑인 보원사지 5층 석탑은 보물 104호로 지정되었습니다. 보원사지 서쪽 금당 터 앞에 세워진 탑으로 마치 보원사의 중심 위치에 서 있는 듯합니다. 2단의 기단 위에 5층으로 몸돌과 지붕돌을 올린 형태로, 기단에는 사자상과 팔부중상(불법을 수호하는 천·용 등 8종의 신장)이 새겨져 있습니다. 1층 몸돌에는 문짝 모양이 새겨져 있고, 넓은 지붕돌은 백제 석탑 양식을 모방했습니다. 꼭대기에는 네모난 지붕

보원사지 당간 지주

보원사지 5층 석탑

보원사지 석조 약 4톤의 물을 담을 수 있을 정도로 규모가 크다. 이를 통해 절의 규모를 짐작할 수 있다.

모양의 장식 위로 머리 장식의 무게중심을 고정하는 쇠꼬챙이인 찰주가 높이 솟아 있는 모습이 하늘을 찌를 듯하지요. 탑은 전체적으로 웅장하면서도 균형이 잡힌 것이 잘 만들어진 탑이라는 것을 느끼게 합니다. 그래서 고려 시대 최고의 탑이라는 평가를 듣고 있는 탑이기도 합니다.

보원사지 석조는 보물 102호로, 승려들이 물을 담아 쓰던 돌그릇이랍니다. 화강석을 통으로 파서 직사각형 모양의 돌그릇을 만들었지요. 물을 4톤이나 담을 만큼 제법 큰 규모에 아무 장식이 없어 소박하면서도 웅장한 느낌을 줍니다. 평평한 밑바닥 한쪽에는 물이 빠져 나갈 수 있는 약 8센티미터 정도의 동그란 배수구가 있습니다.

보원사 법인 국사 보승탑은 보물 105호로 지정된 법인 국사 사리탑입니다. 보원사를 고쳐 지었던 법인 국사의 사리를 모셔 놓은 탑으로, 978년에 고려 경종이 '법인'이라 이름을 내리고,

보원사 법인 국사 보승탑

보원사 법인 국사 보승탑비

'보승'이라는 사리탑의 이름을 내렸습니다. 전체적으로 팔각의 기본양식을 잘 갖추고 있으며, 몸돌에서 보이는 사자, 용, 문짝 등 여러 무늬와 지붕돌의 귀꽃 조각이 고려 시대 초기 부도탑 양식을 잘 따르고 있지요.

보원사 법인 국사 보승탑비는 보물 106호로 지정되었습니다. 비석의 받침은 거북 모양이지만 여의주를 문 것이 용의 모습과도 비슷하지요. 목은 앞으로 빼고 콧수염은 뒤로 돌아 있으며, 눈이 툭 튀어나와 있는 것이 인상적이랍니다.

보원사지에서는 지금도 꾸준히 발굴 작업이 이루어지고 있으니 또 다른 문화재가 나오리라 기대됩니다.

서산 마애삼존불상

[초등 사회 4-2]
주소 충청남도 서산시 운산면 용현리 2-1

　'백제의 미소'는 어떤 모습을 말할까요? 서산 마애삼존불상에서 그 답을 찾을 수 있습니다. 서산 마애삼존불상은 백제의 미소를 대표하는 백제 시대 후기의 가장 뛰어난 작품이자, 우리나라 마애불의 모범이 되는 불상이랍니다. 보통 백제 불상은 부드러운 신체와 옷 주름, 밝고 잔잔한 미소가 특징인데 서산 마애삼존불상은 백제 불상의 특징을 모두 가지고 있지요. 이 마애불이 세상에 알려지기 전까지 그 인근에 살고 있던 사람들은 부처가 바위에 도장이 찍힌 듯 새겨져 있다고 해서 '인바위'라고 불렀습니다. 1959년 부여 박물관장이던 홍사준 선생이 서산 마애삼존불상을 세상에 널리 알렸지요.

　서산 마애삼존불상은 서산의 가야산 계곡을 따라 들어가면 나오는 바위가 층층이 쌓인 곳에 자리하고 있지요. 석가여래입상을 중심으로 오른쪽에는 제화갈라보살입상, 왼쪽에는 미륵반가사유상이 조각되어 있습니다. 오른쪽부터 과거, 현재, 미래를 가리킨다고 합니다.

　가운데의 여래상은 전체 얼굴 윤곽이 둥글고 풍만해 백제 특유의 자비로운 모습을 보여 줍니다. 연꽃대좌 위에 서 있는 여래

서산 마애삼존불상 백제의 미소로 널리 알려진 불상으로 암벽에 조각했다.

상은 눈이 크고 얼굴도 도톰한 편이라 웃는 모습이 더욱 환하게 느껴지지요. 빛이 비치는 방향에 따라 웃는 모습도 다르다고 하니 신비롭기까지 합니다. 머리 뒤에 있는 광배는 큰 연꽃을 새기고 둘레에 불꽃무늬를 곁들여 놓아 불상을 더욱 아름답게 하지요. 옷은 단순하면서도 부드럽고 세련된 옷 주름이 자연스럽게 흘러내리게 했습니다.

오른쪽 보살입상은 약이 담긴 통을 쥐고 서 있습니다. 높은 관을 쓰고 있으며 옷 장식이 화려합니다. 왼쪽의 보살은 오른쪽 다리를 구부려 왼쪽 허벅다리 위에 올려놓아 있으며, 한 팔을 구부려 뺨을 괴고 생각하는 사유상입니다. 양쪽의 불상 역시 얼굴이 도톰하며 만면에 미소를 짓고 있는 모습이지요.

이 마애삼존불상은 백제 무왕 재위 당시 조성되었다고 추정하고 있습니다. 오랜 세월을 지났는데도 비교적 보존이 잘 되어 있지요. 그 까닭은 마애상 위에 큰 바위와 주변의 산자락이 마애상을 비바람으로부터 지켜 주었기 때문이랍니다. 게다가 이 마애삼존불상은 불상 조각 중에서도 가장 단단해 만들기 힘들다는 화강암으로 만들어졌다고 합니다. 또한 마애불이 새겨진 암석은 80도 정도의 경사진 절벽이라 비바람을 피하기에 안성맞춤입니다.

울퉁불퉁한 자연석에 마애불을 조성하기가 엄청 힘들다는데, 백제 불상 조각의 예술이 얼마나 뛰어났는지 새삼 느끼게 합니다.

울퉁불퉁한 자연석에 마애불 조각하기가 엄청 힘들다는데!

현충사

[초등 사회과 탐구 6-1]

주소 충청남도 아산시 염치읍 백암리
홈페이지 http://www.hcs.go.kr
주요 문화재 이충무공 난중일기부서간첩임진장초, 이충무공 유물 등

현충사는 우리 역사에서 가장 위대한 인물 가운데 하나인 충무공 이순신의 얼을 기리는 사당입니다. 서울에서 태어난 이순신은 어린 시절부터 벼슬을 하기 전까지 아산에서 보냈답니다. 아산은 충무공의 조상들이 대대로 살아온 곳이고, 그의 묘소도 이곳에 있지요. 그래서 현충사도 아산에 세워졌습니다. 현충사는 충무공이 1598년 노량해전에서 순국한 지 108년이 지난 숙종 32년에 세워졌습니다. 아산의 선비들이 그의 사당을 세울 것을 상소해

현충사 이순신 장군의 애국·충렬 정신을 기리기 위한 사당으로 충무공의 영정을 모셔 두었다.

숙종이 친히 현충사란 이름을 내렸습니다. 현충사는 흥선대원군 때 서원철폐령으로 폐쇄되었고, 일제강점기 때 역시 문을 열지 못했습니다. 1932년에야 동아일보사가 앞장서서 성금을 거두어 사당을 다시 짓고, 1966년에 온 국민의 성지로 다듬어지면서 오늘에 이르렀지요. 현충사에는 충무공의 유물이 유물관에 보존되어 있습니다. 어떤 유물이 있는지 살펴볼까요?

이충무공 묘 이순신 장군이 노량해전에서 전사하자, 금성산에 장사했다가 현 위치 아산시 어라산에 모셨다.

국보 76호로 지정된 이충무공《난중일기부서간첩임진장초》가 있습니다. 임진왜란 당시 이순신 장군이 쓴 일기지요. 우리가 알고 있는 '난중일기'가 바로 이충무공《난중일기부서간첩임진장초》입니다. 연도별로 일곱 권으로 되어 있는데, 7년의 전쟁을 기록한 것이지요. 전쟁 과정에서 겪었던 일상들뿐만 아니라, 수군의 관리와 비법, 전쟁의 상황을 왕에게 보고하던 초안 등이 상세히 수록되어 있어 일기 이상의 가치를 지니고 있습니다.

그밖에 임진왜란 당시 충무공이 사용한 유물들은 보물 326호로 지정되었습니다. 충무공의 유품 가운데 전쟁 중에 직접 허리에 차던 긴 칼은 보물 326-1호입니다. "석 자 되는 칼로 하늘에 맹세하니 산과 강이 떨어지고, 한 번 휘둘러 쓸어버리니 피가 강산을 물들인다"는 글자가 칼날에 새겨 있어 나라를 지키고자 했던 충무공의 마음을 읽을 수 있답니다.

보물 326-2호인 옥로는 갓머리에 다는 옥으로 만든 장신구이

이순신 장군이 살던 집

지요. 보통 관리나 사신들이 사용합니다. 충무공의 옥로는 하얀 옥으로 만들어졌고 연꽃잎에 싸여 있는 세 마리의 해오라기가 조각되어 있습니다.

요대는 보물 326-3호로, 관복 위에 두르던 허리띠를 말합니다. 명나라 장수인 왕원주가 이순신 장군의 용맹과 숭고한 인격을 높이 여겨 선물한 것이라 전해지고 있지요.

한 쌍의 술잔과 받침을 말하는 도배구대는 보물 326-4호로 지정되었습니다. 복숭아 모양을 하고 있어서 붙인 이름으로, 술잔 겉에는 복숭아 세 잎이 붙어 있고, 꼭지에 둥근 손잡이가 있습니다. 잔 받침은 장식 없이 평범하지요. 난중일기에 명나라 장군 진파종으로부터 선물 받았다는 기록이 있답니다.

아산 읍내리 당간 지주

[초등 사회 4-2]
주소 충청남도 아산시 읍내동 255-2

절 앞에 있어야 할 당간 지주가 절을 잃은 채 오랜 세월을 버티고 있습니다. 당간 지주의 두 기둥은 지난 세월을 말하듯 어떤 절 앞에 세워진 당간 지주인지 모를 만큼 닳아 있고, 온통 돌이끼가 돋아나 있지요.

보물 537호로 지정된 아산 읍내리 당간 지주는 고려 시대 작품으로 추정하고 있습니다. 단단한 화강암 재질이라 지금까지 남아 있는 것으로 보이지요. 주위에 발굴된 유물들로 보아 근방이 절터라고 추측하지만 기록이 없어 정확히 어떤 절인지는 알 수 없답니다.

받침 부분인 기단은 땅속에 묻혀 있고, 드러난 두 기둥은 표면이 많이 닳아 있어서 조각 여부를 알 수 없습니다. 기둥 바깥쪽 두 모서리를 깎아 내어 마치

세로줄무늬를 새긴 것으로 보이지요. 기둥머리는 곡선 모양으로 되어 있고, 안쪽에 깃대를 고정시킬 용도로 네모난 홈이 파져 있습니다. 기둥은 전체적으로 같은 굵기로 다듬어져 세련된 모습이지요.

  이 당간 지주의 늠름한 모습을 현대적인 감각으로 다시 살려 낸 조형물이 있지요. 서해대교를 구성하는 국내 최대 규모의 사장교 주탑의 외형이 바로 이 당간 지주를 본떠 설계했다고 합니다. 읍내리 당간 지주가 쓸쓸히 오랜 세월을 버텨온 보람이 있지요?

아산 평촌리 석조약사여래입상

[초등 사회 6-1]
주소 충청남도 아산시 송악면 평촌리 산 2-4

아산 평촌리 석조약사여래입상
상체가 짧고 하체가 긴 불균형한 듯한 모습이지만, 조각 솜씨가 돋보이는 작품이다.

　평촌리의 산중턱에는 용담사라는 작은 암자가 있습니다. 용담사는 신라 애장왕 때 원효가 세우고, 고려 광종 때 혜명 조사가 낡은 건물을 고쳐 지은 절이지요. 지금은 비석 하나에 당시 용담사의 자취만 남아 있고, 고려 시대 초기의 작품으로 추정되는 아산 평촌리 석조약사여래입상만이 옛 흔적을 보여 줄 뿐입니다.

　한눈에 보아도 거구로 보이는 아산 평촌리 석조약사여래입상은 양손에 약이 담긴 통을 들고 있는 약사불입니다. 약사불은 질병과 무지의 병을 고쳐 주는 부처로 알려져 있지요. 이 약사불은 상체는 짧고 하체는 긴, 다소 균형이 잡히지 않은 모습입니다. 하지만 얼굴이나 옷 주름의 조각이 뛰어나 우수한 불상으로 평가받지요. 현재 보물 536호로 지정이 되어 있답니다. 소라 모양의 머리카락을 붙이고 상투 모양의 머리묶음을 했으며 이목구비는 전체적으로 조화가 잘 되어 있습니다. 작고 얇은 입술에 잔잔하게 웃는 모습도 인상적입니다. 옷은 양 어깨에서 발목까지 덮고 있는데, 주름이 좌우대칭을 이루고 있어 눈에 띕니다. 상반신에는 선으로 주름을 표현했고, 양 무릎에는 동심원 모양으로 표현했습니다. 이런 표현의 무늬는 통일신라 시대 불상에서 유행하던 양식이라고 합니다.

봉선 홍경사 사적갈비

[중등 국사]
주소 충청남도 천안시 성환읍 대흥리 320

봉선 홍경사 사적갈비, 이름이 참 독특하지요? 봉선奉先은 '부모의 뜻을 받든다'는 뜻이고, 홍경사는 절의 이름이며 사적갈비는 절의 유래를 밝힌 비석을 의미합니다. 그러니까 '봉선 홍경사 사적갈비'는 부모님을 위해 세운 홍경사의 내력을 밝힌 비석을 뜻하지요. 여기서 갈비는 보통의 석비보다 작고, 비석 머릿돌이나 뚜껑돌을 따로 얹지 않는 간단한 비석입니다. 하지만 이 비석은 고려 현종이 아버지인 안종의 뜻을 받들어 지은 홍경사에 세운 것이라 거북 받침돌, 비 몸, 비석 머릿돌을 모두 갖추었지요. 안종은 불교에 감화되어 홍경사를 짓다가 완성을 보지 못하고 목숨을 다했답니다. 홍경사는 고려 명종 때 '망이·망소이의 난'에 모두 불타 버리고, 지금은 이 갈비만 남아 있습니다.

이 비석은 독특한 이름만큼 모양도 평범하지 않지요. 국보 7호로 지정된 이 갈비는 거북 받침돌이 여느 곳에서 볼 수 없는 모습입니다. 기본은 거북 모양이지만 머리 모양이 마치 용이 되기

봉선 홍경사 사적갈비 고려 현종이 아버지 안종을 위해 세운 홍경사 내력을 밝힌 비석을 말한다. 현재 갈비는 비각 안에 보호되고 있다.

봉선 홍경사 사적갈비의 머릿돌과 몸돌

봉선 홍경사 사적갈비의 거북 받침돌

전 이무기를 닮았답니다. 또한 물고기의 지느러미 같은 날개를 머리 양쪽에 새겨 어룡의 모습이기도 합니다. 어룡은 고개를 세우고 오른쪽으로 고개를 돌리고 있어 눈길을 끕니다. 거북 받침돌의 뒷부분에 있는 부드럽게 감아 붙은 꼬리도 마치 살아 있는 듯 느껴집니다. 몸돌의 양쪽에는 연꽃무늬가 새겨져 있지요. 몸돌의 앞면에는 '봉선 홍경사 갈기'라고 비석의 이름이 새겨져 있고, 뒤쪽으로는 홍경사와 비석을 세운 내력을 밝히고 있습니다. 이 비문을 통해 절을 짓고 5년 후인 1026년에 세운 사적비임을 알 수 있습니다. 머릿돌은 구름에 싸인 용 모양을 새겼는데, 형식적으로 보이지요. 이 독특한 갈비는 고려 시대 초기의 비석에 새겨진 글자를 연구하는 데 귀중한 자료로 평가받습니다. '해동공자'로 불리던 고려 시대 최고의 유학자 최충이 비문을 짓고, 백현례가 해서체로 글씨를 썼기 때문이지요. 이 갈비는 현존하는 석비 가운데 가장 완성미가 높은 형태입니다.

현재 갈비는 비각 안에 보호되고 있는데, 주위에는 모양을 잃은 탑만이 옛 홍경사의 자리를 지키고 있습니다.

천흥사지

[초등 사회 6-1]

주소 충청남도 천안시 성거읍 천흥리 234
주요문화재 당간 지주, 동종, 5층 석탑 등

고려 태조는 산 위에 오색구름이 걸쳐 있는 것을 보고 산 이름을 성거산이라고 지었답니다. 그리고 성거산 아래에 '천 년을 흥하게 한다'는 뜻으로 천흥사를 세웠습니다. 천흥사는 조선 성종 때 이미 문을 닫은 절터로 기록되어 그 모습이 사라지고, 당간 지주와 5층 석탑, 기와 조각과 토기 조각, 자기 조각 등의 옛 흔적만 남아 있습니다. 당간 지주와 석탑이 서로 꽤 떨어져 있는 것으로 보아 당시 절의 규모가 상당히 컸으리라고 짐작할 수 있지요.

현재 천흥리 마을 한가운데에는 보물 99호인 천흥사지 당간 지주가 서 있습니다. 두 기둥이 약 60센티미터의 간격을 두고 2단의 기단 위에 동쪽과 서쪽으로 세워져 있지요. 오랫동안 방치되어 기단이 흩어져 있던 것을 복원했습니다. 하지만 동·서 지주 사이로 깃대를 직접 받치던 받침은 남아 있지 않습니다. 기단부는 통일신라의 방식을 이어 눈 모양의 장식인 안상으로 조각되어 있

천흥사지 당간 지주 천흥리 마을 한가운데에 약 60센티 간격으로 동쪽과 서쪽으로 세워져 있다.

천흥사지 5층 석탑 전체적으로 웅장하면서도 안정감이 있어 따뜻한 느낌을 주는 고려 시대 석탑이다.

지만 지주에는 별다른 장식이 없습니다. 이 당간 지주는 고려 시대 작품으로 추정하고 있습니다. 이곳에서 출토된 동종의 문구에 고려 현종 때 조성되었다는 기록이 있기 때문이지요.

천흥사지 5층 석탑은 보물 354호로 지정된 고려 시대 탑입니다. 2단의 기단 위에 5층의 탑을 올린 거대한 모습입니다. 아래층 기단이 너무 얕아 마치 단층처럼 보이는 2단의 기단 위에다 5층의 몸돌과 지붕돌을 올렸습니다. 위층으로 올라가면서 몸돌의 크기가 작아지지만 차이가 심하지 않아 안정감이 있습니다. 얇으면서도 너비가 좁은 지붕돌은 가뿐하게 느껴집니다. 전체적으로 웅장하면서도 안정감이 있어 따뜻한 느낌을 주지요. 이 석탑 역시 천흥사지 당간 지주와 같은 시기인 1010년 무렵에 세웠다고 추정합니다.

현재 국립박물관에서 소장하고 있는 천흥사 동종은 국보 280호로 지정되어 있습니다. 고려 시대 동종 가운데 가장 아름답고 큰 종이지요. 신라 범종 양식을 충실히 계승하면서도 용의 머리가 쳐들린 점과 여의주를 물고 있는 꼭대기 부분 장식이 고려 시대에 새로 나타난 형식이랍니다. 천흥사 동종은 유곽 밑에 새겨진 명문이 1010년(고려 현종 원년)에 제작된 것을 알려줄 뿐만 아니라 당간 지주와 5층 석탑의 조성연대도 추정하게 하는 귀중한 자료입니다.

광덕사

[중등 국사]

주소 충청남도 천안시 광덕면 640
주요 문화재 면역사패교지, 사경, 노사나불괘불탱, 고려사경 등

천안은 호두과자로 유명한 곳이랍니다. 천안의 광덕사에 우리나라에서 가장 오래된 호두나무가 있는 데서 유래되었다고 합니다. 광덕사는 신라 진덕여왕 때인 652년에 자장의 제자인 진산 화상이 처음 절을 열었습니다. 광덕사는 산 너머 마곡사의 말사이지요.

광덕사로 오르는 길에는 시내가 졸졸 흐르고 있습니다. 많은 민물고기가 서식하고 있을 만큼 물이 깨끗하지요. 일주문을 지나 보화루에 다다르면 천연기념물인 호두나무가 우람하게 서 있습

광덕사 마곡사의 말사로 400년이 넘은 호두나무가 있으며, 임진왜란 전까지 충청·경기 지역에서 가장 큰 절로 꼽혔다.

천안 광덕사 호두나무 고려 충렬왕 때 유청신이 중국에 갔다가 가져다 심은 묘목 세 그루이다.

니다. 고려 충렬왕 때 유청신이 중국에 갔다가 묘목 세 그루를 가져다 여기에 심은 것이 벌써 400년을 넘어 한국 호두나무의 시조가 되었습니다. 조선 시대 때 세조는 오랫동안 잘 낫지 않는 병을 치유하려고 광덕사를 다녀갔다고 합니다. 광덕사는 임진왜란 전까지 충청, 경기 지역에서 가장 큰 절로 꼽힐 정도였지만 임진왜란 때 거의 불타 버려 지금의 전각 대부분은 근래에 새로 지었지요.

광덕사에는 보물급 유물들이 여럿 있습니다. 보물 1246호로 지정된 광덕사 소장 면역사패교지는 조선 세조가 광덕사와 개천사에 내린 교지입니다. 이것으로 국왕이 직접 내린 조선 시대 전기 사패교지의 형식을 알 수 있으며, 세조의 불교정책도 엿볼 수 있지요.

광덕사 소장 조선 시대 사경은 보물 1247호로 지정된 사경입니다. 불경의 내용을 정성스럽게 옮겨 적고, 화려하게 장식해 꾸민 것을 사경이라고 하지요. 이 사경은 세종의 형인 효령대군이 부인, 아들과 함께 시주한 것으로 '부모은중경'과 '장수멸죄호제동자다라니경'을 쓴 것입니다. 부모은중경은 부모의 은혜와 은혜를 갚기 위한 공양에 대한 내용으로 그림까지 곁들여 있는 것이 특징입니다. 장수멸죄호제동자다라니경은 부처의 힘을 빌리거나 수행을 통해 모든 죄악을 없애고 장수하는 법에 대한 가르침을 담고 있지요.

또한 광덕사에는 보물 1261호로 지정된 대형 불화가 있지요. 바로 광덕사 노사나불괘불탱입니다. 노사나불을 중심으로 그린 괘불로, 주위에 2대 보살·2대 제자·사천왕을 그려 넣었습니다. 붉은색과 녹색을 주로 사용했고, 전체적으로 원색을 써서 채색이 밝고 선명하며 화려합니다.

묘법연화경을 옮겨 적은 광덕사 고려사경은 사경 6책이며 보물 390호로 지정되었습니다. 고려 시대 말기에서 조선 시대 초기에 쓰였다고 추정됩니다. 묘법연화경은 줄여서 '법화경'이라고 부르는데, 천태종의 근본경전으로 화엄종과 함께 우리나라 불교사상 확립에 중요한 영향을 끼친 경전입니다.

 # 천원 삼태리 마애불

[초등 사회 6-1]
주소 충청남도 천안시 풍세면 삼태리 산 27

　천안의 삼태리는 세 명의 재상이 나왔다고 붙여진 고려 시대 마을 이름입니다. 이 마을에 있는 태학산에는 큰 바위에 거대한 불상이 새겨져 있습니다. 고려 시대에는 지방으로 갈수록 불상이 거대해지는 흐름이 있었지요. 그래서 고려 시대 작품으로 추정되는 천원 삼태리 마애불도 꽤 거대하게 새겨져 있습니다.

　보물 407호로 지정된 천원 삼태리 마애불은 전체적으로 도드라지게 조각이 되어 매우 입체적입니다. 큼직큼직하게 표현되어 섬세한 느낌보다는 다소 강인한 느낌을 줍니다. 다만 얼굴 부분은 조각이 두드러지는 반면에 몸체는 선을 이용해 표현되었기 때문에 조각이 얕은 편이지요. 얼굴은 넓적하면서도 강한 느낌을 주는데 길게 치켜 올라간 눈, 광대뼈가 나온 뺨, 큰 코와 작은 입 등이 그러합니다. 또한 민머리 위에 둥근 상투 모양의 머리묶음이 큼직하게 솟아 있어 눈길을 끕니다. 두 손은 가슴 앞으로 들어 올려 왼손은 손바닥을 위로 하고 오른손은 왼손 위에서 손등을 보이도록 한 독특한 손 모양을 하고 있습니다. 이 손 모양을 통해 불상이 미륵불이라는 것을 알 수 있습니다. 넓은 어깨에 걸친 불상의 옷은 형식적인 면이 강해 다소 두툼해 보이기까지 하지요.

　이 마애불을 조성할 때 비바람을 가리기 위해서인지 바위에 의지해 세웠던 건물의 흔적이 엿보이지요. 대부분 우리나라 산속에 있는 마애불이나 석불의 경우 외적을 막는 기원으로 바다를 바라보고 있는 경우가 많습니다. 그런데 이 마애불은 광덕산 주변의 구름들을 바라보고 있습니다.

　이 마애불을 새긴 이는 무엇을 희망하며 만들었을까요?

칠백의총

[초등 사회 6-1]

주소 충청남도 금산군 금성면 의총리 335

임진왜란 당시 나라를 위해 싸우신 선조들이 많습니다. 그 가운데에는 유명한 인물도 있지만 이름 없이 죽어간 사람들도 많지요. 금산의 칠백의총은 바로 그런 분들이 잠들어 있는 곳이랍니다. 임진왜란 당시 중봉 조헌 선생과 영규 대사는 의병을 이끌고 왜군에게서 청주성을 되찾았습니다. 그 여세를 몰아 호남순찰사인 권율 장군이 이끄는 관군과 함께 금산의 왜적을 함께 공격하기로 약속했지요. 그런데 권율 장군은 왜적의 기세로 보아 바로

칠백의총 임진왜란 당시 금산전투에서 왜병과 싸우다 전사한 조헌 선생과 700여 의병들의 유골을 모아 큰 무덤을 만들었다.

공격하기엔 무리가 있어 공격하는 날을 바꾸자는 편지를 조헌 선생에게 보냈습니다. 그러나 미처 편지를 받지 못한 조헌 선생과 영규 대사는 700여 명의 의병과 함께 15000여 명의 왜병과 맞서 싸우다 이곳 금산전투에서 전원 전사를 했습니다.

종용사 인조 25년에 건립해 칠백의사의 신위를 모셨다.

조헌 선생의 문인이었던 박정량과 김승절이 이곳에 유골을 모아 큰 무덤을 만들고 '칠백의총'이라 했습니다. 1603년(선조 36)에는 조헌 선생을 기리는 '중봉조헌선생일군순의비'가 세워졌습니다. 중봉 조헌 선생이 지휘하는 칠백의사가 왜병에게 빼앗겼던 청주성을 되찾고 금산싸움에서 순국하기까지의 사적을 기록한 비문입니다. 1634년에는 순의단을 세워 해마다 8월 18일에 제향을 올렸고, 인조 25년에는 종용사를 건립해 칠백의사의 신위를 모셨습니다.

일본은 일제강점기에 칠백의사의 역사를 없애기 위해 종용사를 헐고, 조헌 선생과 칠백의사를 기리는 순의비를 폭파했습니다. 그리고 칠백의총의 토지를 강제로 팔아 대표적인 항일 유적인 이곳을 황폐화시키려 했지요. 비가 폭파될 때 갑자기 하늘이 먹구름으로 뒤덮이고, 천둥번개가 쳐서 일본인들이 놀라 도망쳤다는 말이 전해져 옵니다. 주민들은 일제의 눈을 피해 비석을 땅속에 묻어 두었다가 해방 후 종용사를 다시 건립하면서 순의비도 제자리를 찾게 되었습니다.

현재 이곳에는 조헌 선생과 관련된 각종 문화재들이 '중봉조

헌관계유품'으로 한데 묶어 보물 1007호로 지정되어 있습니다. 조헌 선생이 남긴 유품은 여섯 종 일곱 점으로, '조천일기'와 문과에 급제했음을 알리는 임명장인 교지, 의병장 제수교서, 조헌 종사문묘 교서, 치제문 2매 등이 있습니다.

이외에도 대나무를 조각해 끈으로 꿰어 차도록 만든 화살통도 있습니다. 문화재청에서는 매년 9월 23일에 칠백의사 순의제향을 실시해 칠백의사의 숭고한 호국정신을 기리고 있습니다.

톡톡! 생각 주머니

조헌은 어떤 인물일까요?

율곡 이이와 성혼의 문하생이었던 조헌(1544~1592)은 조선 시대 명종 때 벼슬에 올랐습니다. 하지만 벼슬길이 순탄하지 못했습니다. 강직한 성품으로 유배, 파직을 당했지요. 송시열의 장인이기도 한 조헌은 철저한 유학자로 스승 이이의 학문을 계승, 발전시켰습니다. 임진왜란으로 나라가 위급한 상황에 처하자, 옥천에서 의병을 일으켜 1700여 명을 모아 영규 대사 등 승병과 합세해 청주를 탈환했습니다. 전라도로 향하는 왜군을 막기 위해 금산으로 향했으나, 전공을 시기하는 관군의 방해로 의병이 대부분 해산되고, 700명의 의병으로 금산전투에서 싸우다가 의병들과 함께 전사했답니다.

안국사지

[초등 사회 4-2]

주소 충청남도 당진군 정미면 수당리 산 102-1
주요 문화재 석불입상, 석탑, 매향암각 등

지금은 절터만 남은 안국사지에는 석탑과 불상이 옹기종기 모여 있습니다. 안국사는 언제 세워지고 언제 문을 닫았는지에 대한 기록이 없습니다. 백제 시대 말기부터 있었으리라 추정하지만 발견된 유물로 보아 고려 시대에 세웠거나 가장 번창했다고 짐작하지요. 조선 시대에 문을 닫은 안국사를 1929년에 승려 임용준이 다시 일으켜 세웠지만 또다시 닫혀 버렸습니다. 절터에는 돌로 쌓은 축대도 있고, 옹달샘도 있고, 여기저기 기왓장도 흩어져 있어서 한때는 승려와 신도들의 발길이 이어졌을 것으로 생각됩니다. 안국사지에는 보물 100호인 안국사지 석불입상과 보물 101호인 안국사지 석탑, 그리고 '배바위'라고 부르는 당진 안국사지 매향암각이 한곳에 집중되어 있습니다.

안국사지 석불입상 보물 100호로 머리에는 몸을 다 덮을 만큼 큰 사각형의 갓을 쓰고 있다.

안국사지 석탑 보물 101호인 이 석탑의 특징은 2층부터 몸돌이 없고 지붕돌만 포개 놓았다.

안국사지 석불입상은 고려 시대 불상으로 높이가 5미터에 가까운 큰 석불입상입니다. 좌우 협시보살과 함께 있는 중심 불상이지요. 머리에는 몸을 다 덮을 만큼 커다란 사각형의 갓을 쓰고 있지요. 충청 지역에서 볼 수 있는 고려 시대의 불상처럼 대체로 거구의 몸을 가지고 있습니다. 얼굴은 네모인 데다 넓적하고, 감은 눈에 납작한 코가 순박하게 느껴집니다. 팔과 손이 지나치게 늘어진 감이 있고, 오른손은 가슴에 대고 왼손은 배에 붙여 엄지와 중지를 맞대고 있습니다. 별다른 장식이 없어 마치 장승이 서 있는 듯 보이기도 하지요. 왼쪽 협시불은 중심 불상을 닮았으나 보관은 쓰지 않았으며, 오른쪽 협시불은 얼굴이 거의 파손된 상태인데다 두 석불 모두 무릎 아랫부분이 땅에 묻혀 있습니다.

안국사지 석불입상 앞쪽에 있는 5층으로 보이는 안국사지 석탑은 특이하게도 간단하게 된 기단 위에 2층부터는 몸돌이 없이 지붕돌만 포개 놓았습니다. 몸돌이 남아 있는 1층은 한 면에는 문짝 모양을, 그리고 다른 세 면에는 여래좌상을 조금 튀어나오도록 새겨 놓았습니다. 몸돌이 없어서 그런지 전체적으로 균형이 잡히지 않아 우수한 석탑으로 보이지 않지만 석불입상처럼 소박한 향기가 전해져 옵니다.

당진 안국사지 매향암각 미륵불이 내려와 좋은 세상을 만들어 주기를 바라는 마음으로 이 바위에 향을 묻었다.

 안국사지 석불입상 뒤쪽에는 배바위에 새겨 놓은 비문인 당진 안국사지 매향암각이 있지요. 옛날 사람들은 미륵불이 내려와 좋은 세상을 만들어 주기를 바라는 마음에서 향을 묻었다고 합니다. 이 매향암각은 바로 향을 묻었다는 내용을 새긴 비석이지요. 원래 이곳에 있었던 배바위에 글자를 새겨 놓아 그 자체로 비석 역할을 합니다. 오랜 세월을 버티느라 글씨는 알아보기 힘들 만큼 닳아버렸습니다.

부여 정림사지 5층 석탑

부여군

[초등 사회 4-2]
주소 충청남도 부여군 부여읍 동남리 379

백제의 도읍지였던 부여! 부소산과 왕실 연못이었던 궁남지 사이에는 절터가 있습니다. 백제 시대부터 있었던 절이지만 정확한 절 이름은 알 수 없답니다. 다만 출토된 고려 시대 기와에 '정림사' 라고 쓰여 있어 정림사지로 불립니다. 정림사지에는 익산 미륵사지 석탑과 함께 백제를 대표하는 5층 석탑이 우뚝 서 있습니다. 바로 국보 9호로 지정된 부여 정림사지 5층 석탑이지요. 정림사지 5층 석탑은 백제 성왕의 사비 천도 이후 지은 사찰 경내에 세워진 탑으로 알려져 있습니다.

삼국 가운데 돌을 다루는 기술이 가장 뛰어났던 백제 사람들이 만든 석탑이라 그럴까요? 부여 정림사지 5층 석탑은 한국 석탑의 모범이자 기준이 되며, 가

히 석탑 가운데 으뜸으로 꼽힙니다. 자, 그럼 부여 정림사지 5층 석탑의 아름다움을 감상해 볼까요?

　부여 정림사지 5층 석탑을 보면 마치 기와집이 층층이 쌓인 듯 보입니다. 잘 다듬은 화강석재 149매를 짜 맞춰 올렸고, 총 높이가 8.33미터로 꽤 높지요. 기단부가 좁고 낮은 것도 주목할 만합니다. 모서리에 중간이 굵고 위·아래가 점차 가늘어지는 배흘림 양식의 기둥을 둔 것이나, 넓은 지붕돌을 얹은 것은 마치 목조 건물을 그대로 돌로 본떠 만든 듯합니다. 또한 위층으로 올라갈수록 조금씩 작아지는 비율이 무척 세련된 느낌을 주지요. 특별한 장식이나 조각을 새기지 않았지만 탑의 균형이 잘 잡혀 있어서 탄탄하고 안정적입니다.

　일반적으로 탑은 부처의 사리를 모시기 위해 세웁니다. 이 탑 역시 5층에 사리함이 모셔져 있었지요. 그런데 안타깝게도 일본인들이 도굴해 갔다고 하네요. 또한 이 탑의 1층 몸돌에는 백제의 슬픈 역사를 담은 글이 쓰여 있습니다. 660년 당나라 장수 소정방이 신라연합군과 함께 백제를 멸망시킨 후, 이곳에 전쟁에서 이겼음을 기리는 문구를 새겨 넣었지요. 그래서 이 탑의 내력을 알 수 없던 시절에는 소정방이 세운 탑으로 오해되어 '평제탑(백제를 평정한 탑)'이라고도 불렸습니다.

　한국 석탑으로서 완벽한 구조미를 자랑하는 부여 정림사지 5층 석탑은 우리의 귀한 문화재입니다. 소중한 우리 문화재가 더는 훼손되지 않도록 잘 보존해야겠지요?

국보인 부여 정림사지 5층 석탑은 석탑 가운데 으뜸이래요.

무량사

[초등 사회 4-2]

주소 충청남도 부여군 외산면 만수리 166
홈페이지 http://www.muryangsa.or.kr
주요 문화재 5층 석탑, 석등, 미륵괘불탱 등

부여의 만수산 기슭에 있는 무량사는 통일신라 시대 때 범일 국사가 세운 절입니다. 무량은 '셀 수 없다' 는 뜻인데, 극락정토(불교에서 멀리 서쪽에 있다고 말하는 완전한 사회)를 의미합니다. 천 년이 넘은 무량사는 고려 시대 때 크게 고쳐 지었는데, 임진왜란 때 불에 타서 조선 인조 때 다시 세우게 되었습니다.

만수산은 그리 높지 않아서 절로 향하는 길이 편안하고 여유롭습니다. 오래된 기둥 덕분에 옛 모습을 잃지 않은 일주문을 지나면

무량사 극락전 무량사의 중심 건물인 극락전은 우수한 조선 시대 중기 목조 건물로, 겹처마 팔작지붕이며 흔치 않은 2층 건물이다.

천왕문까지 개울물 소리를 들으며 숲길을 걸을 수 있답니다. 천왕문 옆 당간 지주가 보이면 절의 입구에 도달한 것이지요.

무량사의 중심 건물은 보물 356호로 지정된 무량사 극락전입니다. 무량사 극락전은 무량사가 임진왜란으로 불탄 뒤, 조선 인조 때 복원되었습니다. 겉에서 볼 때는 2층의 불전이지만 안으로 들어가 보면 층 구별이 없지요. 무량사 극락전은 우리나라에 흔치 않는 2층 건물인 데다 견고해서 우수한 목조 건물로 평가 받습니다.

무량사 극락전 내에는 가운데에 아미타불, 양쪽에 관세음보살과 대세지보살의 아미타 삼존불이 모셔져 있는데, 흙으로 빚은 소조불로서는 동양 최대의 규모이지요. 불상의 유물에서 발견된 글에는 1633년에 불상이 조성되었다고 적혀 있습니다. 이로 미루어 보아 무량사 극락전도 그 당시에 지어졌음을 알 수 있습니다.

또 무량사 극락전 안에는 보물 1265호인 무량사 미륵괘불탱이 있습니다. 괘불탱은 야외에서 큰 법회나 의식을 진행할 때 법당 앞뜰에 걸어 놓았던 대형 불교 그림을 말합니다. 미래 세계에 나타난다는

무량사 5층 석탑 부여 정림사지 5층 석탑의 양식을 따랐으며, 빗물이 탑 속으로 들어가지 않도록 수로를 파놓았다.

무량사 석등 지붕돌이 석등 전체에 비례해서 조금 크게 만들어졌으나 경쾌한 곡선으로 멋을 느끼게 한다.

미륵불을 중심으로 좌우 각 여덟 구의 화불을 그렸습니다. 주로 녹색과 붉은색을 사용해 화려하게 채색된 이 괘불은 조선 인조 때 작품입니다. 5단의 화면을 이어서 한 화면을 만든 구성이 특이합니다. 또한 제작 연대와 함께 그림을 그린 혜윤, 인학, 희상이라는 스님들의 이름도 적혀 있어 귀중한 자료가 되지요.

무량사 극락전 앞에는 보물 185호인 무량사 5층 석탑이 서 있습니다. 2단의 기단 위에 5층의 몸돌과 지붕돌을 올린 형식으로 백제와 통일신라 시대 석탑을 계승한 고려 시대 탑이지요. 기단이 나지막하고 넓은 편이라 올라갈수록 점점 좁아지는데도 안정감이 있습니다. 지붕돌의 처마가 수평을 이루다가 살짝 올라간 것은 정림사지 탑을 빼닮았습니다. 지붕돌 처마 밑에서는 만든 이들의 지혜도 엿볼 수 있습니다. 빗물이 탑 속으로 들어가지 않도록 수로를 파놓은 것이지요. 전체적으로 안정감이 있고, 웅장하면서도 소박한 느낌을 주는 석탑입니다. 해체 공사 때 1층 몸돌에서 금동제아미타여래좌상, 지장보살상, 관음보살상의 삼존상이 나왔고, 3층에서는 금동보살상, 5층에서는 사리구가 발견되었습니다.

무량사에는 보물 233호로 지정된 고려 시대 초기의 무량사 석등이 있습니다. 팔각으로 된 석등은 불을 밝혀 두는 화사석을 중심으로 아래로는 3단의 받침돌을, 위로는 지붕돌과 머리 장식을 얹었습니다. 3단 받침돌은 여덟 잎의 연꽃이 조각된 아래 받침돌,

기둥으로 된 가운데 받침돌, 연꽃이 새겨진 윗받침돌로 구성되어 있지요. 화사석은 사면이 넓게 뚫려 있습니다. 지붕돌은 석등 전체의 비례에서 조금 크게 만들어졌습니다. 지붕돌의 꼭대기에 있는 연꽃봉오리 장식이 경쾌한 멋을 느끼게 합니다.

무량사는 조선 시대 생육신 가운데 한 명인 김시습이 생의 마지막을 보낸 곳이기도 하지요. 그래서 무량사에는 김시습의 초상화가 있답니다. 보물 1497호로 지정된 김시습 영정은 가슴까지 내려오는 반신상으로, 야인의 옷차림에 패랭이 모양의 모자를 쓰고 있답니다. 비단에 채색해 표정과 내면이 생생하게 느껴지는 조선 시대 전기 사대부상 가운데 하나이지요.

무량사는 높지 않은 만수산의 지형처럼 아담하고 조용한 절입니다. 셀 수 없다는 뜻의 이름 덕분일까요? 과연 많은 문화재를 보유하고 있네요!

톡톡! 생각 주머니

김시습은 어떤 인물일까요?

매월당 김시습은 조선 세종 때 태어난 문인이자 사상가입니다. 다섯 살 때 한시를 지어 세종에게 신동이란 말을 들었을 뿐만 아니라 "자라면 뒷날 크게 쓰겠다"는 약조까지 받았다고 합니다. 그러나 세조가 조카인 어린 단종의 왕위를 빼앗은 뒤로 세상을 비관해 책을 불사르고, 속세를 떠나 승려가 되었습니다. 단종 복위 사건으로 죽은 사육신

김시습(1435~1493)

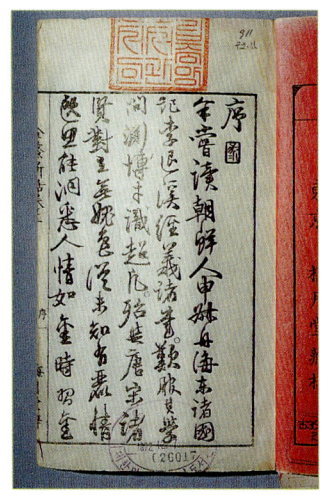

김시습이 지은 금오신화

이 있다면, 사육신의 정신에 동조하는 생육신으로 불리는 이들이 있지요. 김시습은 이 생육신 가운데 한 사람입니다. 김시습은 평생을 떠돌며 살았는데, 서북지방으로부터 만주벌판에 이르렀다가 다시 동으로 금강산을 거쳐 남쪽 경주에 이르기까지 전국 곳곳에 발길이 닿지 않은 곳이 없었다고 합니다. 금오산에 은거해서 지은 책이 바로 우리나라 최초의 한문소설인 《금오신화》입니다. 김시습은 소설뿐만 아니라, 2000여 편의 시를 남겼고 《태극설》, 《십현담 요해》 등의 철학적인 저서들도 꽤 남겼습니다.

김시습은 성종 24년에 59세의 나이로 무량사에서 일생을 마쳤습니다. 사람들은 화장을 하지 말라는 유언에 따라 3년 동안 시신을 묻어 두었습니다. 3년이 지나 장사를 지내려고 보니 마치 살아 있는 듯 조금도 모습이 변하지 않았다고 합니다. 그래서 사람들은 김시습이 부처가 되었다고 믿고 화장했습니다. 화장 후, 사리가 1과가 나와 부도를 세우고 무량사에 모셨습니다.

이런 어지러운 세상에 벼슬을 해서 무엇하랴!

부여 부소산성

[초등 사회 4-2, 6-1]

주소 충청남도 부여군 부여읍 쌍북리, 관북리, 구아리, 구교리

부여 부소산성은 백제의 마지막 숨결이 살아 있는 곳으로 백제 시대에는 사비성으로 불렸습니다. 부여 부소산성의 한쪽은 부여 시내와 인접해 있고, 다른 쪽은 부소산을 두르고 있습니다. 부소산은 백마강을 끼고 있는 산이지요.

부여 부소산성은 부소산 정상 봉우리들을 빙 둘러 산성을 쌓고, 산 외곽으로 다시 성을 쌓아 복합적으로 만든 산성입니다. 백제가 웅진 시대를 열었던 공주에서 당시 사비라 부르던 부여로

낙화암과 백마강 백제 멸망 당시, 삼천 궁녀들이 나라를 잃은 슬픔으로 백마강을 향해 몸을 던진 낙화암이다.

천도를 하면서 부소산성을 쌓은 것으로 추정하고 있답니다. 하지만 그 이전에 이미 작은 규모의 성이 있었을 가능성도 있지요.

부소산성 입구의 사비문을 지나 5분쯤 오르면 삼충사가 나옵니다. 외삼문과 내삼문을 지나 사당에 들어서면 백제 시대 말기 삼충신인 성충, 흥수, 계백의 위패와 영정이 모셔져 있지요. 성충은 백제 의자왕 때 좌평으로 잘못된 정치를 바로잡기 위해 애쓰다가 투옥되어 식음을 전폐하고 죽은 충신이지요. 흥수는 나당 연합군이 공격해 오자 탄현을 지키라고 의자왕에게 간곡하게 당부했던 것으로 유명하지요. 계백은 5천 결사대로 신라 김유신 장군의 5만 군과 황산벌에서 맞서 싸우다가 장렬히 전사한 장군입니다. 삼충사는 백제 때가 아닌 1957년에 세워진 사당입니다.

삼충사에서 멀지 않은 곳에는 '영일루'가 있습니다. 본래 부소산성 내 동쪽 끝에 세워져 있었습니다. 지금의 건물은 1871년 (고종 8)에 당시 홍산 군수였던 정몽화가 지은 조선 시대의 관아 문이었지요. 1964년에 지금 있는 자리로 옮겨 영일루라 이름을

삼충사

영일루

군창지

백화정

붙였습니다. 백제왕은 날마다 이곳에 올라 계룡산 연천봉에서 떠오르는 해를 보며 하루의 국정을 계획했다고 합니다. 영일루 근처에는 군대의 곡식을 보관했던 창고인 군창지가 있습니다. 군창지는 조선 시대에도 창고로 썼던 것으로 보입니다. 이곳에서는 불에 탄 곡식과 기와, 토기, 도자기, 글자가 새겨진 암기와가 출토되었습니다.

부소산에는 멋진 전망을 감상할 수 있는 누각이 여럿 있습니다. 부소산성 가장 높은 곳에 있는 사자루는 '사비루'라고도 불리는 누각입니다. 백제 때 달구경을 하던 송월대가 있던 자리에 1919년 임천관아의 문루였던 배산루를 옮겨 지었습니다. 이곳을 파다가 광배 뒷면에 명문이 새겨진 금동삼존불입상을 발굴하기도 했답니다.

백마강이 반달 모양으로 끼고 도는 부소산 남쪽 마루에도 누각이 있지요. 반월루라고 하는데, 부여 시가지를 한눈에 볼 수 있는 전망대 역할을 합니다. 백마강변의 험준한 바위 위에도 평

엉엉~
백제의 삼천 궁녀들이
너무 불쌍해!

면을 육각형으로 지은 정자가 있는데 백화정입니다. 1929년 부풍시사라는 시우회에서 백제 멸망 당시 절벽에서 꽃잎처럼 떨어진 백제 여인들의 넋을 기리기 위해 세웠지요. 이곳에 서면 백마강이 한눈에 들어옵니다. 바로 아래가 백제의 궁녀들이 나라를 잃은 슬픔으로 백마강을 향해 몸을 던진 낙화암이지요. 암벽에 조선 시대 문인 송시열의 글씨로 전하는 '낙화암'이 새겨져 있습니다. 또한 산성 안에 낙화암에서 투신한 삼천 궁녀의 넋을 위로하기 위해 세운 사당인 궁녀사가 있습니다.

부소산에는 고란사라는 절과 부소산 서복사지도 있습니다. 고란사는 부소산성을 뒤로 하고 백마강을 바라보는 곳에 지어진 사찰입니다. 정확한 창건 연대는 알 수 없고, 백제 시대나 고려 시대 초기에 세웠다는 설이 있습니다. 절 뒤편 암벽에 자라는 고란초라는 약초가 있어 고란사라 부르지요. 이곳은 약수가 유명한데, 백제 마지막 왕인 의자왕이 즐겨 마셨다고 해 어용수라 부르기도 합니다. 부소산 서복사지는 옛 절터로, 궁궐과 관련된 사찰이었으리라 추정합니다. 건물 배치 방식이 드러나기도 했지만 흙으로 구운 소조불상·연화문 수막새·벽화편 등이 출토되었습니다.

사람이 살았던 움집터인 수혈주거지도 볼 만하지요. 아궁이 바닥에서 출토된 백제 토기 뚜껑과 집 주위에서 출토된 무구 등의 유물로 보아 5~6세기 백제 병영의 집 자리로 추정하고 있습니다.

백제의 마지막 도읍지였던 부여는 약 120년 동안 백제 역사의 중심지였습니다. 그래서 부여 부소산성을 오르다 보면 아담한 길이나 돌로 쌓아 놓은 석축, 흙을 다져 만든 나지막한 토성들로도 담백한 백제의 문화를 느낄 수 있답니다. 부여 부소산성은 평상시 도성의 비원으로 이용되었지만 유사시에는 왕궁을 방어하는 최후의 성곽이었습니다. 부여 부소산성에 있는 여러 유물들을 보는 것만으로도 백제 역사 공부가 저절로 되지요.

톡톡! 이야기 주머니

고란사 약수에 얽힌 전설

부소산성 낙화암 아래에는 백마강을 바라보며 오랜 세월을 견뎌 온 고란사가 있습니다. 고란사에는 바위틈에서 솟아나는 약수가 있지요. 이 약수에는 재미있는 전설이 있답니다. 아주 오랜 옛날 소부리의

부여 부소산성 고란사 백제가 멸망할 때 낙화암에서 몸을 던진 삼천 궁녀들을 기리기 위해 지은 사찰이라고 한다.

한 마을에 금슬 좋은 노부부가 살았는데 늙도록 자식이 없었습니다. 할머니는 지나간 세월을 한탄하면서 다시 젊어져서 자식 갖기를 소원했지요.

그러던 어느 날, 할머니는 한 도사를 만나 부소산 강가 고란사 바위에 있는 고란초의 부드러운 이슬과 바위에서 스며 나오는 약수에 놀라운 효험이 있다는 말을 들었답니다. 그래서 그다음 날 새벽 할아버지를 약수터로 보내 그 약수를 마시게 했지요. 할아버지가 밤이 되어도 돌아오지 않자 걱정이 된 할머니는 이튿날 아침 일찍 약수터로 찾아갔습니다. 그런데 할아버지는 보이지 않고, 웬 갓난아기가 할아버지 옷을 입고 누워 있었지요. 그제야 할머니는 도사가 일러준 말이 생각났습니다. 고란사 약수를 한 잔씩 마실 때마다 3년씩 젊어진다는 말이었지요. 할머니는 깜빡하고 할아버지에게 그 이야기를 하지 않았던 것입니다. 할머니는 할 수 없이 갓난아기를 데리고 와 키웠는데, 훗날 이 아이가 나라에 큰 공을 세워 백제 시대 최고 벼슬인 좌평에 올랐다고 합니다.

부여 능산리 고분군

[초등 사회과 탐구 5-2]
주소 충청남도 부여군 부여읍 능산리 15

　능산리 고분군은 얕은 산자락에 형성된 사비백제의 왕릉묘역입니다. 사적 14호로 지정된 이곳은 왕릉으로 추정되는 무덤 일곱 기가 세 기씩 앞뒤로 있고, 그 뒤로 한 기가 떨어져 있습니다. 이곳에 대한 조사는 일제강점기에 일본학자가 시작했습니다.

　1995년 왕릉원의 오른쪽에 있는 능산리 절터에서 출토된 '창왕명석조사리감'에 새겨진 "567년(백제 창왕 13)에 공주가 사리를 공양했다"는 내용을 통해 창왕의 아버지인 백제 26대 성왕을

부여 능산리 고분군 사적 14호로 사비 시대 백제의 왕릉묘역이다. 이곳에는 의자왕과 부여융의 가짜 묘도 있다.

위해 만들었고, 사비 시대의 왕릉이라는 것을 알아냈지요. 넓은 산자락에 펼쳐진 왕릉은 규모는 크지 않지만, 아늑해 정감이 느껴집니다. 비록 도굴꾼들이 많은 유물을 가져갔지만, 백제의 문화를 알 수 있게 해주는 귀중한 유산이랍니다.

왕릉은 내부구조와 재료에 따라 크게 세 가지로 나눌 수 있습니다.

1호분은 '동하총'이라고도 부르는데, 지하 깊은 곳에 있지요. 이곳에서는 백제의 다른 왕릉에서 찾아보기 힘든 사신도 벽화가 나왔습니다. 고분 안에 벽화를 그리는 것은 고구려 문화로, 이를 통해 고구려와 교류가 활발했다는 것을 알 수 있답니다. 널방의 벽과 천장에 청룡, 백호, 주작, 현무의 사신도를 그리고, 천장에 연꽃과 구름을 그려 넣었습니다. 오랜 세월 동안 습기가 차서 그림이 명확하지 않지만 부드럽고 따뜻한 백제만의 숨결을 느낄 수 있습니다.

2호분은 '중하총'이라 부르는데, 무령왕릉처럼 천장이 터널식으로 되어 있습니다. 가장 먼저 만들어진 것으로 보이는데, 부여로 도읍을 옮긴 성왕의 무덤으로 추정합니다. 칠기 조각과 금동둥근머리 못이 발굴되었습니다.

3호분 '서하총'과 4호분 '서상총'은 천장을 반쯤 뉘어 비스듬히 만든 후 판석을 덮은 평사천장이고 널길이 짧습니다. 이러한 형식은 부여 지방에 많으며 백제 마지막까지 유행한 것으로 보입니다.

5호분에는 관대 위에서 두개골 조각과 칠한 나무관 조각, 뚫린 모양의 금동금구, 꽃무늬금동금구가 있었습니다.

또 이곳에는 가짜 묘가 있답니다. 바로 백제 마지막 왕인 의자왕과 그의 아들이자 왕위를 이어받을 왕자였던 부여융의 무덤이지요. 나당연합군에 백제가 망하자 의자왕과 융은 당나라로 가게 되었고, 그곳에서 생을 마감했습니다. 중국에서 그들의 흔적을 찾다가 부여융의 묘지석을 발견했지요. 그곳의 흙을 가져와 의자왕과 부여융의 가짜 묘를 만든 것입니다.

왕릉 근처에는 왕들의 명복을 비는 큰 절로 추정되는 능산리 절터가 있습니다. 최근 이곳에서 많은 유물이 출토되었습니다. 그 가운데 위덕왕이 만들었을 것으로 보이는 백제금동대향로(국보 287호)와 백제창왕명석조사리감(국보 288호)은 현재 국립부여박물관에서 보관하고 있습니다.

백제금동대향로

고분군 입구에 있는 고분모형전시관에서는 많은 전시물을 볼 수 있지요. 또한 백제의 무덤 양식이 변해 온 모습을 한눈에 확인할 수 있습니다. 삼국의 왕과 왕비의 옷차림 등 여러 가지 볼거리가 많으니 먼저 들러보는 편이 좋겠지요?

궁남지

[초등 사회과 탐구 5-2]
주소 충청남도 부여군 부여읍 동남리 117

신라의 도읍 경주에 안압지가 있다면 백제의 도읍 부여에는 궁남지가 있습니다. 궁남지는 안압지보다 40년이나 앞선 인공 연못으로 우리나라에서 가장 오래되었지요. 《삼국사기》에 보면, 백제 무왕 때인 634년에 "궁 남쪽에 못을 파고, 못 언덕에 수양버들을 심고, 못 가운데 섬을 만들었다"라고 기록되어 있습니다.

궁남지는 '마래방죽'이라고도 불립니다. 옛날 궁남지 주변에 마를 심은 밭이 많았기 때문입니다. 또한 이곳은 백제 무왕의

궁남지 백제의 인공 연못으로 우리나라에서는 가장 오래되었다.

출생 설화와도 깊은 관계가 있지요. 무왕의 어머니가 이 연못에 살던 용의 아이를 낳았는데, 그 아이가 바로 무왕이라는 이야기입니다.

궁남지에는 마치 설화를 증명하려는 듯 가운데 조성된 작은 섬에 '포룡정'이라는 정자가 있답니다. 용과 정을 통했다는 뜻이지요. 작은 섬은 신선이 산다는 방장산을 본떴다고 합니다.

연못가에서 섬까지 이어지는 구름다리와 연못 주위에 선 버드나무가 운치를 더하는 궁남지! 원래는 지금보다 규모가 더 컸지만 천 년이 흐르는 동안 일부가 흙으로 메워져 규모가 무려 1/3로 줄어들었다고 합니다.

궁남지는 인공 연못이지만 최대한 자연스럽게 조성되었습니다. 물이 많으면 많은 대로, 적으면 적은 대로 자연스러운 연못 모양이 만들어지게 했지요. 당시 백제는 일본에 많은 문화를 전해 주었는데, 궁남지의 조경 기술도 그 가운데 하나이지요. 궁남지의 조경 기술은 이후 일본의 정원 양식에 많은 영향을 끼쳤다고 합니다.

무왕이 왕비와 뱃놀이를 즐겼다는 궁남지에는 지금도 온갖 종류의 연꽃이 향기로운 자태를 뽐내고 있지요. 자연을 있는 그대로 즐기고 사랑한 백제 사람들의 마음이 고스란히 느껴지는 듯합니다.

비인 5층 석탑

[초등 사회 4-2]
주소 충청남도 서천군 비인면 성북리 183

충청 지역은 백제의 역사를 간직한 곳으로, 문화재에도 백제의 숨결이 이어지고 있습니다. 비인면 성북리 마을 입구에 세워진 5층 석탑 역시 백제 석탑의 혼을 잇고 있지요. 보물 224호로 지정된 비인 5층 석탑은 고려 시대 초기의 석탑이긴 하지만 그 형식면에서 백제 석탑의 모범인 부여 정림사지 5층 석탑의 양식을 따르고 있습니다.

이 석탑은 단층으로 된 기단 위에 5층의 몸돌과 지붕돌을 올린 형식입니다. 그래서 기단은 낮은 편이지요. 몸돌은 마치 목조 건축의 기둥과 벽처럼 모서리에 기둥을 세우고 기둥 사이에 돌을 세워 막았습니다. 몸돌 위에 지붕돌을 얹기 전에 지붕 받침돌 2단을 올려놓았는데, 이 모양은 부여 정림사지 5층 석탑과 비슷합니다. 지붕돌 역시 부여 정림사지 5층 석탑처럼 경사가 평평하게 흐르다가 모서리를 살짝 들어 올리는 방식입니다. 이 석탑은 1층 몸돌에 비해 2층부터는 몸돌의 크기가 급격하게 작아집니다. 또한 지붕돌은 지나치게 큰 반면 몸돌이 작아 균형이 깨져 보입니다. 꼭대기 부분은 크고 작은 돌로 겹쳐 쌓았고, 제일 위에는 네모난 돌을 올려놓았습니다.

　5층 석탑이기는 하지만 현재는 3층까지 탑 몸 부분이 있어 마치 3층 석탑처럼 보입니다. 백제 석탑의 양식에 충실하려 했지만 형식적인 면에 치우쳐 안정감을 잃은 듯합니다. 그래도 이 석탑은 나름대로 중요한 의미를 지니고 있지요. 이곳은 부여와 가까워 백제의 석탑이 어떻게 전파되었는지 알려주거든요.

비인 5층 석탑 높이가 6.2미터인 고려 시대 화강석 석탑으로 부여 정림사지 5층 석탑 양식을 가장 많이 따랐다.

연화사

[초등 사회과 탐구 6-1]

주소 충청남도 연기군 서면 월하리 1047
주요 문화재 무인명석불상부대좌, 칠존석불상

    연화사는 역사가 긴 사찰이 아닙니다. 예전부터 사찰이 있던 자리도 아니었지요. 다만 아주 오래된 두 불상을 만나면서 절이 된 곳이랍니다. 연화사를 지은 사람이 어느 날 꿈을 꾸었는데 꿈속에서 부처님이 어떤 장소를 지정해 주며 땅을 파보라고 했습니다. 꿈에서 깬 다음, 부처님이 일러 준 곳으로 가 보니 지금의 연화사 부근에 있는 옛 절터, 생천사지라는 곳이었지요. 그곳에서 두 기의 불상을 발견하고 암자를 지어 모신 것이 지금의 연화사가 되었답니다. 무인명석불상부대좌와 칠존석불상이 그 주인공인데, 지금은 연화사에 모셔 두고 유리관으로 보호하고 있지요.

    무인명석불상부대좌는 보물 649호로 지정된 불상입니다. 이 불상은 특이하게 비석 모양의 돌에 불상을 조각하거나 글을 새긴 비상입니다. 비석 모양이라서 사면에 각각 불상을 조각할 수 있답니다. 그리고 불상을 받치는 대좌는 다른 돌로 만들어 붙여 놓은 형태입니다. 이 불상은 면에 따라 각각 다른 불상을 새겨 놓았습니다. 앞면은 중심 불상인 아미타불과 좌우 양쪽으로 나한상·보살상이 두 구씩 놓여진 오존불 구도입니다. 중심 불상

은 연꽃을 둥글게 새긴 머리 광배가 있고, 좌우로 구슬장식과 작은 부처가 새겨져 있습니다. 앞면의 대좌는 연못에서 솟은 연잎과 줄기 모양입니다. 뒷면은 중심 불상으로 반가사유상이 있고, 좌우에 보살상이 꿇어앉은 삼존불 구도로 앞면과 다릅니다.

칠존석불상은 보물 650호로 지정되었습니다. 연꽃무늬가 새겨진 마름모꼴의 돌 표면에 본존여래상을 중심으로 칠존불이 조각되어 있습니다. 네모난 대좌 앞면에는 두툼한 연꽃 봉오리를 중심으로 좌우 연줄기가 타고 올랐고, 끝에는 사자가 웅크리고 앉아 있습니다. 연줄기 위에 앉아 있는 중심 불상 좌우에 협시보살이 서 있습니다. 또한 중심 불상과 협시보살 사이에 상체만 내밀고 있는 나한상이, 밖으로는 인왕상이 사자 위에 서 있는 모습입니다.

중심 불상의 얼굴은 아쉽게도 닳아 있습니다. 광배나 가늘고 부드러운 처리에서 백제 양식을 엿볼 수 있어 이 지역의 백제 유민이 만든 것으로 짐작하고 있답니다.

칠존석불상 연꽃무늬가 새겨진 마름모 모양의 돌에 본존여래상을 중심 불상으로 칠존불상이 조각되어 있다.

자세히 관찰하자. 일곱 불상인지!

수덕사

[중등 국사]

주소 충청남도 예산군 덕산면 사천리 산 4-1
홈페이지 http://www.sudeoksa.com
주요 문화재 대웅전, 노사나불괘불탱 등

백제는 신라와 함께 불교문화를 꽃피웠던 나라였습니다. 그러나 나라를 잃은 탓에 오늘날 백제 시대 당시에 세웠던 사찰들을 찾아보기가 어렵지요. 현재 유일한 백제 사찰로 인정받는 수덕사는 안타깝게도 창건에 관한 정확한 문헌이 없답니다. 다만 수덕사 옛 절터에서 발견된 기와가 백제의 유물이라 백제 위덕왕 599년에 지명 스님이 세운 것으로 추정하고 있습니다.

수덕사 대웅전 국보 49호로 특별히 단청을 입히지 않아 나무결이 느껴지는 고려 시대 최고의 목조 건물이다.

　수덕사에서 손꼽히는 문화재는 수덕사 대웅전입니다. 국보 49호로 지정된 수덕사 대웅전은 앞면 세 칸, 옆면 네 칸의 단층 맞배지붕 주심포집입니다. 1308년(고려 충렬왕 34)에 세워진 목조 건물로, 부석사 무량수전과 비슷한 점이 많은 건축물이지요. 대웅전은 맞배지붕, 배흘림기둥 위에만 공포를 올린 주심포양식으로, 장식은 많지 않지만 아름다운 곡선의 맛을 살렸습니다. 특별히 단청을 입히지 않아 나뭇결에서 느껴지는 세월의 흔적이 돋보입니다. 기능과 조형이 잘 어우러진 수덕사 대웅전은 백제의 곡선미까지 전해 주는 우리나라 최고의 목조 건축물이지요.

　수덕사 대웅전 안에는 보물 1381호로 지정된 수덕사 목조삼세불좌상 일괄이 모셔져 있습니다. 수덕사 목조삼세불좌상 및 복장유물과 연화대좌, 수미단 등입니다. 목조삼세불좌상은 석가모니불을 중심으로 약사불·아미타불이 한 조를 이루는 삼세불상입니다.

　또한 보물 1263호인 수덕사 노사나불괘불탱은 조선 현종 때 조성된 불화입니다. 노사나불을 중심에 두고 오색의 광선을 배경으로 12대 보살, 10대 제자, 사천왕상 등을 그렸습니다. 저마다 자유로운 동작과 표정이 환상적인 분위기를 자아냅니다. 보관과 가슴에 달린 장식, 옷의 문양, 매듭 등은 화려함을 더해 주지요. 이 불화는 신원사 노사나불괘불탱 같은 그림으로, 현재까지 밝혀진 노사나불괘불은 이 두 점밖에 없다고 합니다.

　'덕을 숭상하고 받든다'는 덕숭산에 자락에 있는 수덕사는 '예산팔경' 가운데 으뜸으로 알려진 곳입니다. 덕숭산 내에 크

고 작은 사찰이 십여 동이 있는데, 모두 수덕사와 관련된 암자들이지요. 비구니들의 참선도량인 견성암이나 만공스님이 참선도량으로 세운 정혜사 등 둘러볼 곳이 많습니다.

톡톡! 이야기 주머니

수덕 도령의 사랑

수덕사에는 재미있는 전설이 하나 내려오고 있습니다. 아마도 수덕사가 비구니 도량이라 그와 관련된 전설로 보입니다.

옛날 홍주마을에 수덕이란 도령이 살고 있었습니다. 수덕 도령은 훌륭한 가문의 도령이었지요. 어느 날 수덕 도령은 사냥을 나갔다가 먼발치에 있는 한 낭자에게 첫눈에 반했답니다. 상사병에 걸린 수덕 도령은 낭자의 정체를 수소문해 건넛마을에 사는 덕숭 낭자라는 것을 알아냈지요. 수덕 도령은 곧바로 덕숭 낭자에게 청혼했지만 거절을 당했습니다. 그러나 포기하지 않고 덕숭 낭자에게 계속 청혼했지요. 결국 덕숭 낭자는 자기 집 근처에 절을 하나 지어 주면 청혼을 받아주겠다고 했습니다.

수덕 도령은 기쁜 마음으로 냉큼 절을 짓기 시작했습니다. 그런데 절이 완성될 성 싶으면 번번이 불이 나서 타버렸지요. 수덕 도령은 자신이 덕숭 낭자에 대한 탐욕스러운 마음을 품은 채 절을 지었기 때문이라는 사실을 깨닫고, 오로지 부처님만을 생각하며 정성스레 절을 지었습니다. 그러자 이번에는 절이 무사히 완성되었습니다.

　수덕 도령은 약속한 대로 덕숭 낭자와 결혼했지요. 그런데 덕숭 낭자가 손도 못 대게 하자, 수덕 도령은 참지 못하고 억지로 낭자를 안았습니다. 그때 갑자기 천둥번개가 치면서 낭자가 홀연히 사라져 버렸지요. 수덕 도령의 손에는 덕숭 낭자의 버선 한쪽만 쥐어져 있었답니다. 사실 덕숭 낭자는 관음보살의 화신이었습니다.

　훗날 그 자리는 바위로 변하고, 바위 옆에 버선 모양의 하얀 꽃이 피었습니다. 사람들은 그 꽃을 버선꽃이라 불렀답니다. 수덕 도령이 지은 수덕사는 수덕 도령의 이름을 따고, 산은 덕숭 낭자의 이름을 따서 '수덕사'와 '덕숭산'이라고 했다는 전설입니다.

예산 삽교 석조보살입상

[중등 국사]
주소 충청남도 예산군 삽교읍 신리 산 16

부처님이 삽교 평야 멀리까지 바라보며 자비를 베풀기를 바라는 마음이었을까요? 삽교 수암산 중턱에 위치한 예산 삽교 석조보살입상은 두 개의 돌을 이어서 조각한 탓에 키가 큰 부처가 되었습니다. 보물 508호로 지정된 이 불상은 삽교읍 목리에서 발견해 수암산 중턱에 옮겨 놓은 것입니다. 불상이 있던 곳은 기와 조각이 흩어진 곳으로 보아 문을 닫은 절터가 분명하지만 아무런 자료가 없기 때문에 어느 절의 석불이었는지 알 수 없지요.

이 석불은 네모난 얼굴에 소박한 미소를 띠고 있습니다. 귀는 크게 늘어져 있으며, 머리에는 네모난 관을 쓰고, 육각형 갓 모양의 넓적한 돌을 올려놓았습니다. 오른손에 쥐고 있는 지팡이는 두 다리 사이로 길게 늘어져 양 발 사이까지 내려옵니다.

몸통은 왜소한 어깨에 볼륨 없는 돌기둥 하나를 세워 놓은 투박한 느낌입니다. 배 윗부분은 떨어져 나가고, 목이 부러진 상태였던 것을 복원했지만, 목 부분의 시멘트 자국이 남아 눈에 거슬립니다. 얼굴을 제외한 몸 부분은 많이 닳아 있어 상처 많은 불상으로 비쳐집니다. 그래도 거대해지는 지방 불상의 특징을 간직하고 있어 고려 불상의 양식을 잘 보여 주는 불상입니다.

예산 화전리 사면석불

[초등 사회과 탐구 6-1]
주소 충청남도 예산군 봉산면 화전리 61

우리나라에 불교가 전해질 때 불상도 함께 들어왔지요. 특히 불상은 부처를 뜻하기에 매우 소중하게 여겨졌습니다. 그래서 모든 공간에 부처가 있다는 의미로 동서남북 사방에서 볼 수 있는 불상을 만들기도 하고, 부처의 모습을 다양하게 표현하기도 했습니다. 이는 시간과 공간에 상관없이 모든 세계에 부처가 존재한다는 불교의 의식이기도 합니다. 예산의 사면석불도 그 가운데 하나이지요.

보물 794호로 지정된 예산 화전리 사면석불은 돌기둥 사면에 불상을 새겨 놓았는데, 일명 '사방불'이라고도 부릅니다. 동·서·남·북의 방위에 따라 사방 정토에 군림하는 부처로, 약사불, 아미타불, 석가불, 미륵불을 뜻합니다. 야산에 쓰러져 있던 것을 1983년에야 발굴해 보호각을 세우고 몸통을 설치했

다고 합니다. 발굴 당시 여기저기 많이 훼손되었는데, 그 가운데 불상의 머리는 현재 국립공주박물관에서 보관하고 있습니다. 이 사면석불은 백제 성왕이 부왕인 무령왕의 복을 빌면서 조성하게 했던 것으로 추정하고 있습니다. 무령왕릉이 완성된 뒤인 성왕 5년경에 조성한 것으로 보이는 백제 최초의 사면불이자 전해 내려오는 유일한 백제 사면석불입니다.

남쪽을 보고 있는 불상이 중심 불상으로 추정되는 여래좌상입니다. 사면석불의 머리 부분은 많이 훼손된 채 서향과 북향만이 남아 있지요. 특이한 점은 손을 따로 끼울 수 있도록 되어 있는 것인데, 아쉽게도 지금은 모두 사라지고 없습니다. 사면석불 모두 양 어깨에 옷을 걸치고 있으며 가슴 부분에 띠 매듭이 있습니다. 옷 주름은 매우 깊고 가슴 아래에서 U자형으로 겹쳐 있습니다. 머리 광배는 원형으로 불꽃무늬와 연꽃무늬가 새겨져 있는데, 마치 불꽃이 살아 있는 듯 생생히 표현했습니다. 이는 광배를 표현한 백제 특유의 양식이기도 하지요.

그렇다면 우리나라에 현존하는 사방불은 어떤 것이 있을까요? 경기도 민통선 안에 있는 사방불, 경상북도 문경군 사불산의 사방불을 비롯해 경상북도 영주시 사면석불, 신안사 사방불, 경주시 굴산사지 사면석불, 남산 칠불암 사방불, 충청남도 예산군 사면석불 등이 있습니다. 우리나라 곳곳에 부처가 있는 셈이지요.

장곡사

[중등 국사]

주소 충청남도 청양군 대치면 장곡리 15
주요 문화재 철조약사여래좌상부석조대좌, 미륵불괘불탱, 상·하대웅전 등

   칠갑산 남쪽 깊은 계곡, 비탈진 언덕에 작고 아담하지만 아주 오래된 절이 있답니다. 전각들이 오밀조밀하게 모여 있는 이곳은 장곡사라는 절이지요. 850년(신라 문성왕 12)에 보조 선사가 세운 절입니다. 절의 내력은 자세히 전해 내려오지 않지만 여러 차례 손질되고 고쳐 지어졌습니다. 장곡사에는 특히 고려 시대의 문화재가 많아 고려 시대 때 꽤 번창했으리라 짐작됩니다.

   장곡사는 독특하게 대웅전이 두 개나 있습니다. 보통 대웅전은 절의 중심 전각이라 하나가 있지만, 이곳은 서로 엇갈려 배치된 대웅전이 두 채 있습니다.

장곡사 하대웅전 소박하고 단정한 맞배지붕에 화려한 다포양식의 조선 시대 중기 건물이다.

　장곡사 상대웅전은 보물 162호로 지정된 장곡사의 대표 전각으로 여러 시대의 건축 양식을 찾아볼 수 있지요. 장곡사 상대웅전은 앞면 세 칸, 옆면 두 칸의 맞배집 건축입니다. 건물 안쪽 바닥에는 무늬가 새겨진 벽돌인 전돌을 깔았는데, 그 가운데에는 통일신라 시대 것으로 보이는 잎이 여덟 개인 연꽃무늬를 새긴 것도 섞여 있지요. 현재 상대웅전에는 장곡사 철조약사여래좌상부석조대좌와 장곡사 철조비로자나불좌상부석조대좌 등 귀중한 문화재가 모셔져 있습니다.

　장곡사 철조약사여래좌상부석조대좌는 국보 58호로 지정된 철불좌상과 대좌를 말합니다. 장곡사의 상대웅전에 모셔진 약사여래상으로 신라 시대 말기에서 고려 시대 초기에 만든 것으로 보입니다. 불상을 받치는 대좌가 워낙 크다 보니 상대적으로 불상이 작게 느껴집니다. 불상은 약사여래상이라 약 항아리를 들고 있었다는데, 지금은 없어졌지요. 상투 모양 머리가 아담하고, 얼굴도 둥글고 단아합니다.

　장곡사 철조비로자나불좌상부석조대좌는 상대웅전 안에 모셔져 있는 불상과 대좌입니다. 진리의 세계를 두루 통솔한다는 의미를 지닌 비로자나불을 불상으로 조성했으며, 보물 174호로 지정되었습니다. 이목구비를 비롯해 전체적으로 작고 빈약한 분위기를 풍기는 철불입니다.

　장곡사 상대웅전 아래쪽에는 장곡사 하대웅전이 있습니다. 보물 181호로 지정되었으며 조선 시대 중기에 지은 전각입니다. 앞면 세 칸, 옆면 두 칸의 아담한 규모이지요. 소박하고 단정한

맞배지붕에 화려한 다포양식이 소규모 건축에서는 몹시 특이합니다. 상대웅전이 전돌을 깐 것과 달리 하대웅전은 마루를 깔았습니다. 장곡사 하대웅전에는 금동약사여래좌상이 모셔져 있습니다. 보물 337호로 이 불상 밑바닥에는 불상을 만들게 된 이유와 연도를 적은 축원문이 있답니다. 이를 통해 1346년(고려 충목왕 2)에 조성된 사실을 알아냈지요. 작은 소라 모양의 머리카락에 상투 모양의 넓적한 머리, 단정하고 우아한 얼굴에 다소 근엄한 인상도 느낄 수 있습니다. 배에 있는 띠 매듭은 율동적으로 표현되어 있습니다. 전체적으로 균형이 잡히고 안정감이 느껴지는 불상입니다.

또한 장곡사에는 국보 300호로 지정된 장곡사 미륵불괘불탱이 있습니다. 1673년(현종 14)에 다섯 명의 승려화가가 왕과 왕비, 세자의 만수무강을 기원하기 위해 그렸지요. 미륵불을 중앙에 크게 두고, 6대 여래, 6대 보살 등 여러 인물들로 화면을 가득 채우고 있는 구도랍니다.

장곡사는 아담한 절이지만 볼거리가 참 많습니다. 국난을 극복하고, 중생들을 깨치기 위해 코끼리 가죽으로 만들었다는 북도 있고, 스님들의 밥을 한꺼번에 담았다는 긴 통나무그릇, 비늘이 자세히 그려진 목어, 850년이나 묵은 괴목. 와! 정말 다양합니다.

태안 마애삼존불

[초등 사회 4-2]
주소 충청남도 태안군 태안읍 동문리 산 42

옛 백제의 땅, 충청 지역에는 백제의 미소를 볼 수 있는 문화재가 많습니다. 대표적으로 서산 마애삼존불상을 꼽을 수 있지요. 또 다른 백제의 미소를 볼 수 있는 문화재가 바로 태안 마애삼존불입니다. 태안읍 바닷가에 바위로 된 백화산 자락에 있는 태안 마애삼존불은 국보 307호로 지정된 백제 시대의 작품입니다.

태안 마애삼존불은 부채꼴로 된 큰 바위에 세 불상이 새겨져 있습니다. 보통 삼존불은 중앙에 여래상이 있고, 좌우로 보살상

태안 마애삼존불 서산 마애삼존불상과 함께 우리나라 마애불을 대표하는 작품이다.

을 새기는데, 이 마애삼존불은 독특하게도 중앙에 보살상이, 좌우로 불상이 새겨져 있습니다. 왼쪽의 석가여래상은 귀가 크고 길며, 얼굴은 둥글고 풍만하고, 따뜻한 미소를 띠고 있습니다. 넓은 어깨와 강직하고 장대한 체구의 불상으로, 배의 띠 매듭이나 U자형 물결 모양의 옷 주름이 힘차게 표현되어 있지요.

오른쪽 약사여래상은 전체적으로 왼쪽 석가여래상과 동일한 기법으로 새겨져 있습니다. 가운데 보살상은 양쪽 여래상 틈에 끼어 작고 빈약해 보입니다. 보통 가운데에서 중심 불상 역할을 하는 불상이 크고 돋보이는 것과는 다른 모습입니다. 머리에는 보관을 쓰고, 앞면에 꽃장식도 있지만 아무런 무늬가 보이지 않습니다. 아마도 본래는 장식이 있었던 것 같은데 닳아 없어진 듯합니다. 이 보살상 역시 좌우의 여래상처럼 타원형으로 길고 통통한 얼굴에 잔잔한 미소를 머금고 있습니다. 삼존불에는 모두 엎어 놓은 연꽃무늬 대좌 위에 서 있고, 삼존불의 뒤에는 문양이 없는 광배가 새겨져 있습니다. 마애불이 새겨진 큰 바위에는 사각형의 감실이 있습니다.

이 마애불은 서산 마애삼존불상과 비슷한 시기인 6~7세기에 조성되었을 것이라고 봅니다. 하지만 마애불의 형태가 단순하고 조각수법이 소박한 것으로 보아 서산 마애삼존불상보다 좀 더 앞선 작품으로 짐작하고 있습니다. 그런 점에서 태안 마애삼존불은 우리나라 마애불의 원형이며, 서산 마애삼존불상과 함께 우리나라 마애불을 대표하는 걸작이랍니다.

태안 마애삼존불은 보통의 삼존불하고 불상 배치가 다르구나.

홍성 신경리 마애석불

[초등 사회 4-2]

주소 충청남도 홍성군 홍북면 신경리 산 81

    산이 있고, 절이 있고, 바위가 있는 곳이라면 불상을 조성하기에 안성맞춤이겠지요? 홍성의 용봉산 자락에 있는 큰 바위의 홍성 신경리 마애석불이 그러합니다. 이 마애불은 툭 튀어나온 자연 암석의 바위 면을 둥글게 움푹 파서 불상이 들어앉을 공간을 만들어 조각했답니다. 높이가 4미터나 되는 거대한 불상으로 고려 시대 초기의 작품으로 추정하고 있습니다.

    보물 355호로 지정된 이 마애석불은 여래입상이지요. 민머리에 상투 모양의 머리묶음을 하고 얼굴은 몸에 비해 크고 풍만합니다. 만면에 잔잔한 미소가 흘러 온화한 느낌을 주지요. 귀는 두 눈썹 사이에 동그란 모양인 백호의 높이부터 거의 어깨까지 내려오도록 길고, 자연스럽게 늘어뜨렸습니다. 목은 거의 없으며 세 개의 주름인 삼도가 표현되어 있지요. 이마에는 동그란 백호 자리도 뚜렷합니다. 오른손을 쭉 펴서 다리에 붙이고 왼손은 가슴 높이로 들어 손바닥을 펼쳐 보입니다. 얇은 옷 속에 나타난 다리는 오른쪽으로 약간 굽은 것처럼 휘어졌지요. 얼굴 부분은 확실히 입체감이 돋보이는 반면, 아래로 내려갈수록 부피나 무게감이 약해지고, 균형이 깨져 보입니다.

    불상의 아래는 다른 돌로 만들어진 연꽃무늬의 대좌가 있습니다. 머리 위에도 연꽃무늬가 새겨진 팔작지붕 형태의 돌을 올려놓았습니다. 아마도 이 마애불을 조성한 때가 아닌 후대의 것으로 보입니다.

    입체감이 느껴지는 얼굴 부분처럼 전체적으로 입체감이 있었으면 하는 아쉬움이 남는 마애불입니다.

홍성 고산사 대웅전

[초등 사회 5-1]
주소 충청남도 홍성군 결성면 무량리 492

홍성 고산사 대웅전 '대광보전'이라는 예스러운 현판이 눈에 띄는 대웅전은 팔작지붕의 주심포양식으로 건물 중간에 기둥이 없는 것이 특징이다.

홍성 고산사는 청룡산 자락에 있는 절입니다. 옛날 청룡산을 고산高山이라 부른 적이 있어서 절 이름이 고산사가 되었지요. 고산이라 하면 높은 산을 떠올리겠지만 청룡산은 그리 높은 산이 아닙니다. 높은 산이고 싶은 마음에 그렇게 지었다고 합니다. 고산사는 신라 시대 말기 도선 국사가 세운 것으로 알려져 있지만 건물의 위치나 석탑 등으로 보아 고려 시대 때 세운 절로 추정하고 있습니다. 기록을 보면 고산사는 조선 시대 초기까지 있었던 것으로 보입니다. 임진왜란 후 지금 고산사의 유일한 전각인 대웅전이 지어진 것으로 추정하고 있습니다.

보물 399호인 홍성 고산사 대웅전은 '대광보전'이라는 예스러운 현판이 눈에 띕니다. 앞면과 옆면이 모두 세 칸으로 되어 있는 대웅전은 옆면에서 볼 때 여덟 팔八자 모양을 한 팔작지붕입니다. 지붕 처마를 받치기 위해 지붕 윗부분을 장식해 구조가 기둥 위에만 있는 주심포양식을 사용했지요. 밖으로 뻗쳐 나온 부재가 주심포양식의 초기 수법을 보입니다. 또한 배흘림기둥을 사용했는데, 건물 중간에 기둥이 없는 것이 특징입니다.

천장은 우물 정井자 모양의 우물천장과 천장과 서까래가 훤히 보이는 연등천장을 혼합해 꾸몄습니다. 불단 위에는 장엄하게 꾸민 지붕 모형이 있고 아미타여래상을 모셔 놓았습니다. 보통 대웅전을 '대광보전'이라 붙이면 '비로자나불을 모신다'는 의미인데, 이곳은 아미타불을 모셨답니다.

대광보전 현판

대광보전이란, 비로자나불을 모신다는 뜻이구나!

홍성 동문동 당간 지주

[초등 사회 4-2]

주소 충청남도 홍성군 홍성읍 오관리 297-1

홍성 동문동 당간 지주 높이가 4.8미터로 다소 무거운 느낌을 주는 당간 지주이다. 고려 시대 중기의 작품으로 보인다.

    절의 규모를 보려면 일주문이 아니라 그 절의 당간 지주 크기를 보아야 합니다. 당간 지주의 크기에 따라 절의 규모가 달라지는 까닭은 큰 절일수록 대형 당을 걸기 때문이지요. 지금은 절은 온데간데없이 사라지고, 당간 지주만이 그 옛날의 흔적을 간직하고 있는 곳이 많습니다. 간혹 절터마저 없어지고 당간 지주만 덩그러니 남은 곳도 있는데, 보물 538호로 지정된 홍성 동문동 당간 지주가 그 가운데 하나이지요. 현재 홍성 동문동 당간 지주는 경작지 한가운데에 서 있습니다. 옛날에는 그 일대가 광경사라는 절이었다고 합니다. 홍성 동문동 당간 지주와 함께 있었던 3층 석탑과 석불좌상은 다른 곳으로 옮겨져 당간 지주만 쓸쓸히 자리를 지키고 있지요.

    마주보는 두 지주 안쪽에는 아무런 장식이 없고, 바깥쪽으로만 세로줄 문양이 둥글고 굵게 새겨져 있습니다. 당간 지주의 윗부분은 바깥쪽으로 반원 처리가 되어 있고, 안쪽에는 당간을 고정시키는 직사각형의 홈이 나 있습니다. 위로 오를수록 가늘어지는 형태로, 다소 무거운 느낌을 줍니다. 광경사의 당간 지주로 추정되는 만큼 고려 시대 중기의 작품으로 보입니다.

당간 지주의 크기를 보면 절의 규모를 알 수 있단다.

홍성군 | 홍성 동문동 당간 지주

용봉사 영산회괘불탱

[초등 사회 5-2]
주소 충청남도 홍성군 홍북면 신경리 산 80

온화한 분위기가 풍기는 불화네요.

    돌산으로 된 용봉산 남동쪽 중턱에 용봉사가 있습니다. 백제 시대 말기에 세운 것으로 추정되는 용봉사는 조선 시대 후기까지만 하더라도 수덕사 못지않은 큰 절이었다고 합니다. 그러나 당시 세도가인 풍양 조씨 가문에서 공조참판을 지낸 조희순의 묘를 쓰기 위해서 절을 없앴다고 합니다. 결국 용봉사는 현재의

자리로 옮겨 오게 되었는데, 그만큼 절의 규모도 작아지게 되었지요.

옛날 용봉사가 이름난 사찰이었다는 것을 알려주는 문화재가 있습니다. 조선 시대 후기의 대표 탱화 가운데 하나인 보물 1262호인 용봉사 영산회괘불탱이 그것입니다.

영산회상이란, 석가가 영축산에서 설법하는 것을 말하며 많은 괘불이 이 모습을 담고 있습니다. 용봉사 영산회괘불탱도 그 가운데 하나이지요. 화면 중앙에 석가를 그리고, 8대 보살과 10대 제자 등 무리가 석가의 주위에 에워싼 구도입니다. 중심 불상인 석가불의 얼굴은 원만하며 눈·코·입이 작게 묘사되었고, 머리에 혹 같은 육계는 옆으로 퍼져 낮습니다. 원, 연화, 당초, 모란, 국화 그리고 변형된 기하학적인 문양이 사용되었다는 점이 독특합니다. 홍색, 녹색, 청색을 중심 색채로 사용하고 옅은 청색, 연녹색, 자주색 등의 중간 색조를 써서 화면이 차분하면서도 안정되고 온화한 분위기를 풍깁니다.

용봉사 영산회괘불탱은 숙종이 일찍 죽은 아들의 명복을 빌기 위해 그린 거대한 불화입니다. 1690년(숙종 16)에 승려 화가 진간이 그렸는데, 1725년(영조 원년)에 그림을 고쳐 그리면서 적어 놓은 글이 그림의 아랫부분에 있습니다.

중원 탑평리 7층 석탑

법주사 팔상전

청풍 문화재 단지

삼년산성

제천 장락리 7층 모전석탑

제천시

[초등 사회과 탐구 4-2]
주소 충청북도 제천시 장락동 65-2

탑을 돌며 부처의 공덕을 기리고 소원을 비는 것을 '탑돌이'라고 합니다. 제천의 장락동에 있는 7층 모전석탑은 아마도 소원을 들어주는 탑인가 봅니다. 예전부터 사람들은 이 탑을 '장수탑'이라고 부르며 숭배하고 복을 빌어 왔지요.

이 지역에는 여러 절이 많이 있지만, 제천 장락리 7층 모전석탑과 탑이 서 있는 장락사에 대한 기록이 없습니다. 사람들의 입을 통해 전해지는 이야기만 있지요.

보물 459호로 지정된 모전석탑은 벽돌을 구워 쌓은 탑인 전탑을 모방해서 만든 탑으로 우리나라에만 있는 양식입니다. 7층 모전석탑은 기단이 단층으로 되어 있고, 여러 개의 자연석으로 탑을 올렸습니다. 1층은 네 귀퉁이에 화강암으로 된 돌기둥을 세웠습니다. 이런 방식은 다른 전탑

이나 모전석탑에서 볼 수 없는 독특한 수법이지요. 1층 문틀에 문짝을 넣어 감실을 남·북쪽으로 만들었는데, 지금은 남쪽의 감실이 없어진 상태입니다. 7층까지 처마가 짧고 수평을 이루고 있으며, 각층마다 네 귀퉁이에 풍경을 달았던 구멍이 뚫려 있습니다. 그리고 7층에는 철제 고리가 남아 있습니다. 7층 지붕돌 윗면에서 꽃무늬로 조각된 청동 조각이 발견되었는데, 머리 장식으로 짐작됩니다. 탑은 전체적으로 회를 칠한 흔적이 남아 있습니다. 회는 탑이 훼손되는 것을 막기 위해 바릅니다.

이 탑은 일제강점기 때 도굴꾼이 파손해 2층까지 탑 몸 귀퉁이가 무너지고 기울어졌으며, 한국전쟁 때도 심각한 피해를 입었습니다. 1967년에 해체, 복원하면서 탑 안에서 백자조각, 금동편 세 점, 금동불상 한 점, 철편 세 점 등이 발견되었답니다.

톡톡! 이야기 주머니

장수탑의 분노

'장수탑'이라고 불렸던 제천 장락리 7층 모전석탑에는 조금 무서운 전설이 있습니다. 옛날 장락리에 아주 나이가 많은 스님이 집집마다 탁발(도를 닦는 중이 경문을 외면서 집집마다 다니며 동냥하는 일)을 다녔습니다. 그런데 어디나 심술궂은 이들이 있지요. 스님이 찾아간 어느 집 주인 역시 심술궂은 사람이었습니다. 스님에게 곡식 대신 모래를 퍼주었거든요. 옆에서 그 모습을 본 젊은 며느리는 탁발하던 스님을 쫓아

가 쌀을 주면서 시아버지의 무례를 용서해 달라고 빌었지요. 그러자 스님은 며느리에게 얼른 자리를 피하라고 하더니 갑자기 사라져 버렸습니다. 며느리가 어리둥절하고 있는데, 난데없이 천지를 흔드는 벼락 소리가 들렸습니다. 그러고는 심술궂은 주인의 집은 탑으로 변하고, 착한 며느리는 돌로 변했다고 합니다.

훗날 탑 옆에 큰 연못이 생겼고, 연못 속에 붕어 두 마리가 살았습니다. 연못 근처에는 어린 두 형제가 살았는데 동생은 언제나 연못에 있는 붕어들과 놀았지요. 그러던 어느 날, 심술 사나운 형이 동생을 불러 연못의 붕어를 잡아오라고 시켰습니다. 동생은 싫다고 거부하다가 결국 연못 속으로 끌려 들어가 죽었습니다. 며칠이 지나 연못에는 붕어가 세 마리로 늘어났습니다. 형은 새로 나타난 붕어가 동생인 줄 모르고 잡아먹었지요. 그러자 형도 죽고 말았습니다. 이때부터 장수탑이 집 쪽으로 기울어졌다고 합니다.

앗! 붕어가 세 마리로 늘었네?

제천 신륵사 3층 석탑

[초등 사회 6-1]
주소 충청북도 제천시 덕산면 월악리 803-5

경기도 여주에만 신륵사가 있는 게 아니라 제천에도 신륵사라는 절이 있습니다. 제천 신륵사는 582년(신라 진평왕 4)에 아도 화상이 세운 것으로 추정되며, 한국전쟁으로 문을 닫게 된 것을 1960년에 다시 고쳐 지어 오늘에 이르고 있습니다.

전쟁으로 많은 전각이 소실된 가운데 현재 극락전, 국사당, 3층 석탑 등이 절을 지키고 있습니다. 특히 극락전은 아미타불을 모신 법당으로, 조선 시대 후기의 목조 건물이랍니다. 이곳은 많은 탱화와 벽화가 있는데, 극락전 천장에는 화려하고 장엄한 그림과 조각으로 빽빽하고, 바깥벽에도 다양한 벽화가 있답니다.

이 절을 더욱 돋보이게 하는 문화재는 보물 1296호로 지정된 제천 신륵사 3층 석탑입니다. 2단의 기단 위에 3층의 몸돌과 지붕

제천시 | 제천 신륵사 3층 석탑

돌을 올린 통일신라 시대의 석탑 양식을 계승한 고려 시대 전기의 석탑이지요. 기단 네 면의 모서리와 중앙, 몸돌의 모서리마다 기둥 모양을 새겨 놓았습니다. 밑면의 받침수가 4단으로 된 지붕돌은 네 귀퉁이가 조금씩 치켜 올라간 모습입니다. 전체적으로 정교하고 간결하며, 비례가 잘 맞아 조화롭습니다. 머리 장식부의 무게중심을 지탱하기 위한 쇠꼬챙이가 뾰족하게 꽂혀 있는데 이렇게 원형 그대로 보존된 경우는 무척 보기 드문 일이라고 합니다. 1981년 4월 해체 복원하다가 석탑의 기단부에서 소형 토탑 108개와 사리함 조각 두 개가 발견되었습니다. 현재 모두 국립청주박물관에 보관되어 있답니다.

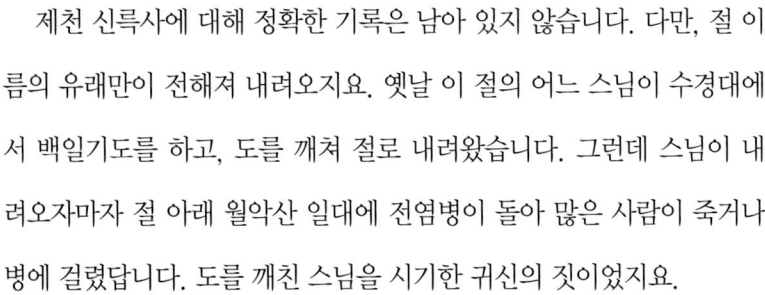

신륵사 이야기

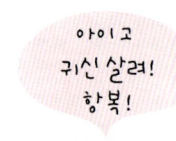

제천 신륵사에 대해 정확한 기록은 남아 있지 않습니다. 다만, 절 이름의 유래만이 전해져 내려오지요. 옛날 이 절의 어느 스님이 수경대에서 백일기도를 하고, 도를 깨쳐 절로 내려왔습니다. 그런데 스님이 내려오자마자 절 아래 월악산 일대에 전염병이 돌아 많은 사람이 죽거나 병에 걸렸답니다. 도를 깨친 스님을 시기한 귀신의 짓이었지요.

스님은 수경대에 올라 병풍바위에 숨어 있던 귀신을 잡았습니다. 그리고 귀신의 코를 꿰어 항복을 받자, 마을에 돌던 전염병이 씻은 듯 사라졌답니다. 그때부터 절 이름을 신륵사라고 부르게 되었다고 합니다.

덕주사 마애불

[초등 사회 6-1]
주소 충청북도 제천시 한수면 송계리 산 1-1
홈페이지 http://www.deokjusa.org

덕주사 마애불은 월악산 자락에 솟은 삼각형 모양의 바위벽에 거대한 크기로 새겨진 불상입니다. 통일신라의 마지막 태자인 마의태자와 덕주공주 오누이가 나라를 잃은 한을 달래기 위해 조성했다고 합니다.

통일신라 시대 말기, 마의태자와 덕주공주는 나라를 잃은 슬픔을 이기지 못하고 금강산으로 떠났습니다. 오누이가 월악산 근처에 이르렀을 때, 관세음보살 꿈을 꾸었지요. 꿈을 꾸고 나서

덕주사 마애불 덕주사의 동쪽 암벽에 새겨진 불상으로 살찐 얼굴과 입체감이 거의 없는 평면적인 신체 등이 특징이다.

마의태자는 5킬로미터 떨어진 충주시 상모면 미륵리에 북쪽을 바라보는 미륵불을 조성하고, 덕주공주는 이곳에 남쪽의 미륵불을 바라보는 마애불을 조성했다고 합니다.

절을 세운 시기는 정확히 알려지지 않았지만 10세기 정도로 추정하고 있습니다. 게다가 한국전쟁 당시 절이 불타 버려 덕주사 터만 남았지요. 현대에 이르러 고쳐 지었는데, 마애불이 있는 이곳이 덕주사 터로 알려져 있습니다.

보물 406호로 지정된 덕주사 마애불은 후삼국 시대부터 고려 시대까지 충청도에서 유행한 거대한 불상의 특징을 따르고 있습니다. 전체 높이가 14미터 정도이며 얼굴의 길이만 3.4미터에 이릅니다. 이 마애불에 얽힌 전설에서 알 수 있듯이 충주 미륵사지의 석불입상과 같은 솜씨로 추정되는 작품입니다. 전체적인 신체 조각 가운데 특히 얼굴 부분이 정교하게 그려져 있지요. 민머리 위에는 반원형의 큼직한 머리묶음이 솟았으며 살찐 얼굴에는 눈·코·턱 등이 크게 표현되었습니다. 얼굴과는 달리 신체의 굴곡은 자세히 드러나지 않을 정도로 얇게 새겨져 있습니다. 상반신이 하반신과 비례가 맞지 않고 힘이 빠진 듯합니다. 옷도 늘어지게 표현했고, 형식적이라는 느낌을 줍니다. 발가락도 지나치게 크게 표현되었는데, 연꽃무늬가 새겨진 대좌 위에 서 있습니다. 머리 부분의 양쪽 암벽에는 네모난 구멍 몇 개가 있어 조성 당시 목조 건물을 세웠던 것으로 짐작됩니다.

청풍 문화재 단지

[초등 사회 6-1]

주소 충청북도 제천시 청풍면 물태리 산 6-20
주요 문화재 한벽루, 금남루, 팔영루, 석조여래입상 등

　청풍은 원래 남한강 상류에 있어 토지가 비옥하고 청풍명월이라 불릴 만큼 자연경관이 아름다운 곳이었습니다. 또한 문물이 번성하고 역사 문화의 뿌리가 깊은 고장이었지요. 그래서 삼국 시대 때 이 지역을 서로 차지하기 위해 다툼이 많았다고 합니다.

　안타깝게도 충주댐이 건설되면서 청풍은 물에 잠기게 되었습니다. 그래서 청풍에 있던 문화재들을 3년여에 걸쳐 지금의 망월산 기슭으로 옮겨 와 청풍 문화재 단지를 조성하게 되었습니

청풍 문화재 단지 충주댐 건설로 청풍 문화재가 물에 잠기게 되자, 이 지역의 문화재를 원형대로 현재의 위치로 이전, 복원해 단지를 조성했다.

청풍 한벽루 앞면 네 칸, 옆면 세 칸의 2층 건물로 간결하고 단아한 모습을 하고 있다.

다. 이곳에는 한벽루, 금남루, 팔영루, 응청각, 청풍향교, 고가 네 채 등 보물 두 점, 지방유형문화재 아홉 점, 비지정문화재 42점과 생활유물 1900여 점이 전시되어 있습니다. 유물전시관에는 300여 점의 유물을 전시해 청풍의 얼을 그대로 살려 놓았습니다.

그럼 먼저 보물 두 점을 살펴볼까요? 첫 번째 보물은 청풍 한벽루입니다. 청풍 한벽루는 보물 528호로 지정된 누각이지요. 통일신라 시대에 처음 세운 것으로 보이나 정확한 기록은 없습니다. 고려 충숙왕 때 청풍현 출신인 승려 청공이 왕의 스승인 왕사가 되면서 청풍현이 청풍군으로 승격이 되자, 이를 기념하기 위해 객사 동쪽에 고쳐 지은 건물입니다.

두 번째 보물은 청풍 석조여래입상입니다. 보물 546호로 지정된 10세기 무렵의 불상이지요. 원래는 청풍면 읍리 대광사 입구에 세워져 있었는데, 이곳으로 옮겨 오면서 보호각에 모셔 놓았지요. 무려 높이가 3.33미터나 되는 이 거대한 여래입상은 후

덕한 인상을 풍기는 불상입니다. 상투 모양의 머리묶음은 작고 우뚝하고, 얼굴은 네모납니다. 가늘면서도 두툼한 눈, 넓적한 코, 뚜렷한 인중이 그야말로 자비로운 부처의 모습이지요. 특히 두툼하고 넓은 코와 도톰한 입술이 우리네 토속적인 친근감을 느끼게 합니다. 귀는 어깨까지 늘어져 있고, 목에는 세 개의 주름인 삼도가 있습니다. 옷 주름이 두꺼운 탓에 신체 윤곽은 잘 드러나지 않지요. 손은 오른손을 들어서 손가락을 구부렸고, 왼손은 늘어뜨려 손가락을 펴서 밖으로 내보이고 있습니다. 형식화된 옷주름과 거대한 불상이 유행했던 충청 지역임을 감안할 때 고려 시대에 조성한 것으로 짐작됩니다.

이 여래입상 앞에는 소원돌이라고 불리는 둥근 돌이 있습니다. 이 돌에는 재미있는 전설이 내려오지요. 이 돌에 소원을 빌려면 남녀 모두 공손하게 세 번 큰 절을 하고 남자는 오른쪽으로, 여자는 왼쪽으로 본인의 나이만큼 돌아야 한다고 합니다. 단 소원을 꼭 한 가지 빌어야 하고, 소원돌을 돌고 난 뒤 두 번 이상 절을 올려야 합니다. 지금도 소원성취를 위해 많은 사람이 찾아온답니다.

청풍 문화재 단지에는 망월산성을 비롯해 많은 문화재가 있습니다. 한번 청풍 문화재 단지를 둘러보고 역사 공부를 해 보는 건 어떨까요?

청풍 석조여래입상 높이 3.33미터의 거대 여래입상은 충주댐이 물에 잠기게 되자, 원래의 자리에서 청풍 문화재 단지로 옮겨 놓았다.

사자 빈신사지 석탑

[초등 사회 4-2]
주소 충청북도 제천시 한수면 송계리 1002

보는 순간 웃음이 절로 터지는 탑을 본 적이 있나요? 무척 독특하고 재미있어서 보는 이들을 웃음 짓게 하는 탑. 바로 사자 빈신사지 석탑입니다. 보물 94호로 지정된 탑으로 빈신사지에 세워져 있는 고려 시대의 탑이지요. 이 탑은 확실히 기존의 탑과는 모습이 다릅니다. 2단의 기단 위에 몸돌과 지붕돌을 올린 전형적인 통일신라 계열의 탑도 아니고, 기단을 낮게 하고 지붕돌 모서리를 살짝 올린 백제 계열의 탑도 아닙니다. 기단에 네 마리의 사자상을 둔 사자 석탑의 하나이지요. 사자 석탑으로 알려진 것으로는 통일신라 시대의 화엄사 사사자 3층 석탑 등이 있습니다.

이 탑은 여러 가지 면에서 독특합니다. 탑의 토대를 이루는 바닥돌도 기존의 탑과 다르지요. 바닥돌 위에 사각형의 돌을 올려놓았는데, 그 옆면으로 바닥선 무늬에는 꽃모양처럼 솟아오른 눈 모양의 장식인 안상을 새겨 놓았습니다. 보통 눈 모양의 장식이 있는 경우 고려 시대 양식으로 봅니다. 이 탑은 상·하 2단으로 된 기단 위에 4층의 몸돌과 지붕돌을 얹은 모습입니다. 아래 기단에는 탑의 내력을 알리는 글이 새겨져 있고, 위의 기단에는 사자 네 마리를 배치해 탑의 몸을 받치고 있습니다. 네 마리 사자는 귀여운 모습으로, 각각 표정이 다릅니다. 네 모서리에 한 마리씩 배치하고, 안쪽 공간에 비로자나불상을 모셔 두었습니다. 비로자나불상도 기존에 보았던 불상과는 조금 다른 모습입니다. 머리에 두건을 쓰고 있으며, 머리 위로는 연꽃을 새겨 놓아 더욱 아름다워 보이지요. 몸돌과 지붕돌은 각각 한 개의 돌로 되어 있는데, 1층 몸돌은 특별히 크고 2층부터는 급격히 작아지는 형태입니다. 원래 9층이었는데 현재는 5층이나 사라져 지붕돌은 4층까지만 남아 있습니다.

기단에 새겨진 명문

아래 기단에 새겨진 글씨로 보아 1022년(고려 현종 13)에 만들어졌다는 것을 알 수 있지요. 조성 연대가 확실해서 각 부의 구조와 양식, 조각수법 등 다른 석탑의 조성연대를 추정하는 데 기준이 되는 중요한 탑이기도 합니다.

용두사지 철당간

[초등 사회 4-2]

주소 충청북도 청주시 상당구 남문로2가 48-19

    청주 시내 한복판에 하늘을 찌를 듯 높이 솟은 철당간이 있습니다. 널찍한 기단 위의 화강암 지주 사이에 서 있는 철당간은 고려 시대 청주의 대표적인 사찰이었던 용두사지에 있습니다. 용두사는 962년(고려 광종 13)에 세웠으나, 고려 시대 말기 잦은 전쟁과 난으로 폐허가 되었지요. 현재 용두사지는 청주 시내에서 가장 번화한 거리로 변해 있지요. 변하지 않고 천 년의 세월을 버텨온 것은 용두사지 철당간뿐입니다.

    국보 41호로 지정된 이 철당간은 지름이 40센티미터쯤 되고, 높이가 63센티미터인 철제 원통 20개를 맞물려 쌓아 올려 높이가 무려 12.7미터에 이릅니다. 원래는 철통 20개가 중첩되어 높이가 60척이었는데, 흥선대원군 시절에 경복궁을 고쳐 짓느라 10개를 헐어갔다는 말이 전해지지요.

　동서로 마주선 당간 지주는 신라 시대 이후의 전형적인 양식으로 아래쪽 폭이 넓고 위로 갈수록 좁아진 모양입니다. 꼭대기 바깥쪽은 약간 둥글게 처리했고, 안쪽에는 당간을 끼우기 위한 빗장 형식이 있습니다.

　당간은 보통 돌로 된 지주를 맞세우고 그 사이에 끼워 세웁니다. 어떤 재료로 만들었는지에 따라 철당간, 석당간, 목당간으로 부릅니다. 대부분의 절이 당간을 설치했는데, 지금은 대체로 돌로 된 당간 지주만 남아 있는 경우가 많습니다. 철당간의 경우 현재 계룡산 갑사 철당간, 안성 칠장사 철당간과 함께 용두사지 철당간 세 개만 남아 있습니다.

　현존하는 철당간 가운데 용두사지 철당간만 국보로 지정이 되었는데, 그 이유는 당간을 세우게 된 내력과 건립 연대, 당간의 건립과 관련된 사람들의 관직명 등을 알리는 글이 있기 때문이지요. 글은 아래에서 세 번째 철통 둘레에 393자 가량으로 '용두사철당기'와 그 내용이 새겨져 있습니다. '청주의 호족인 김예종이라는 사람이 유행병에 걸리자 철당을 바쳐 절을 장엄할 것을 맹세하고 사촌형인 희일 등과 함께 철통 30단을 만들어 높이 60척의 철당을 세우게 했다'는 내용과 준풍 3년, 즉 962년 (고려 광종 13)에 조성되었다는 내용입니다. 당간에 글이 새겨져 남아 있는 것으로는 우리나라에서 유일하지요.

청주 보살사

[초등 사회 6-1]

주소 충청북도 청주시 상당구 용암동 7
주요 문화재 5층 석탑, 극락보전, 석조이존병립여래상, 영산회괘불탱 등

절 입구의 돌담길이 정감 있는 청주 보살사는 관세음보살이 일러 준 곳이라 해서 붙여진 이름입니다. 청주 보살사가 있는 낙가산 역시 관세음보살이 항상 머문다는 '보타낙가산'이란 말에서 따왔지요. 567년(신라 진흥왕 28)에 법주사를 지은 의신 조사가 청주 보살사를 세웠습니다. 의신 조사는 법주사를 지은 후에 수행을 하면서 중생들을 일깨울 새로운 절의 장소를 찾고 있었지요. 그러던 중 꿈에 노인으로 변한 관세음보살이 나타나서 지

청주 보살사 극락보전 아미타불을 모시는 법당이다. 자연석으로 된 주춧돌이 특징이며 소박한 맞배지붕 건물이다.

금의 자리를 일러 주었습니다. "나 또한 이곳에 항상 머무르고 있을 것이다"라는 관세음보살의 말이 지금의 산과 절의 이름이 되었습니다.

청주 보살사는 창건 후 수차례의 보수를 거쳐, 조선 세조 때에는 어명으로 손질해서 고친 유서 깊은 사찰입니다. 청주에서 가장 오래된 사찰이기도 합니다. 크기가 아담해 마치 시골의 절을 보는 듯합니다. 절을 이루는 건물도 많지 않고, 마당도 ㄷ자 모양으로 그리 넓지 않습니다. 현재 보살사는 극락보전을 중심으로 명부전, 삼성각, 요사채 및 부속 건물이 있습니다.

청주 보살사 극락보전은 아미타불을 모신 조선 시대 전각으로 보살사의 대웅전 역할을 합니다. 앞면 세 칸, 옆면 두 칸으로, 지붕 옆면이 사람 인ㅅ자 모양인 소박한 맞배지붕 집이지요. 소박하면서도 내외가 장엄한 극락세계의 분위기를 살려 내고 있습니다. 조선 시대 초기에 지은 것을 선조와 고종 때 다시 고쳐 지었습니다. 자연석으로 된 주춧돌이 눈에 띄는 건물이지요. 청주 보살사 극락보전 안에 모셔져 있는 청주 보살사 석조이존병립여래상은 쌍으로 서 있는 불상입니다. 두 불상을 커다란 돌에 나란히 새겨 놓았는데, 전체적인 모습이 동자를 표현한 것으로 보입니다. 갸름하고 고운 얼굴에 천진난만한 미소를 띠고 있고, 부드러운 신체 굴곡이 아기 부처를 연상케 합니다.

청주 보살사 석조이존병립여래상
커다란 돌에 두 불상을 나란히 새겨 놓은 쌍으로 서 있는 불상이다. 천진난만한 동자를 표현한 것으로 보인다.

청주시 | 청주 보살사

청주 보살사 영산회괘불탱 조선 시대 불화로 색채가 선명하고 인물들의 묘사가 세밀해 당대 불화의 대표작으로 꼽힌다.

탄력과 힘을 없앤 단아한 묘사와 간략한 기법 등 고려적인 양식을 사용해 고려 시대의 작품으로 추정하고 있습니다.

청주 보살사 극락보전 앞에는 청주 보살사 5층 석탑이 서 있습니다. 조선 시대 석탑으로 단층의 기단 위에 5층의 몸돌과 지붕을 올리고 머리 장식을 갖춰 전체적으로 원형이 잘 보존되어 있지요. 5층 석탑이지만 높게 보이지 않고 소박하면서도 아담한 인상을 줍니다. 2층 몸돌에 '강희계미'라는 글자를 새긴 것으로 보아 1703년(숙종 29)에 건립된 사실을 알 수 있답니다.

보살사에는 보물 1258호로 지정된 청주 보살사 영산회괘불탱도 있습니다. 석가모니 중심 불상이 중앙에 배치되어 있고, 아래에 8대 보살, 가운데에 10대 제자 등이 중심 불상 주변을 빽빽하게 에워싸며 좌우대칭을 이루고 있습니다. 중심 불상을 당당하게 표현하고, 선명한 색채와 화려한 문양, 석가를 둘러싼 무리들의 세밀하고 단아한 묘사로 당대 불화의 대표작으로 평가받는 작품이지요. 괘불 아래에 '숭정 23년 불상필조 봉위'라는 기록이 있어 1649년(인조 27)에 제작된 사실을 알 수 있으며, 경기도와 충청도 등지에서 활약했던 신겸, 덕희, 경윤 등이 그렸다는 기록이 함께 있습니다.

청주 보살사는 청주 인근에서 가장 오래된 절답게 정말 많은 문화재가 모셔져 있네요!

용화사

[초등 사회과 탐구 6-1]

주소 충청북도 청주시 흥덕구 사직동 216-1
홈페이지 http://www.yonghwasa.com

우리나라에는 용화사라는 절이 많은데, 대체로 미륵불을 모시는 경우가 많습니다. 미륵불은 미래에 나타나 많은 중생들을 구제해 줄 부처로, 힘든 시대를 살던 사람들의 열망이 담겨 있습니다. 미륵불이 부처가 된 장소가 용화수라서 용화사라는 절 이름이 불렸다고 합니다. 청주 무심천변에 있는 용화사 역시 미륵불을 모시고 있는 절입니다.

청주 용화사를 세운 사람은 특이하게도 조선 시대 고종의 비인 순빈 엄씨입니다. 엄비의 꿈에 일곱 미륵이 각각 무지개를 타고 엄비의 집으로 들어와 청주의 한 늪에

용화사 조선 시대 고종의 비인 순빈 엄씨가 세운 절이다. 영친왕의 건강과 축복을 비는 사찰 역할을 했다.

청주 용화사 석불상군 고려 시대 불상으로 용화보전에 세 구, 극락전에 네 구가 모셔져 있다.

있는 자신들을 구해 주고 절을 지어 달라 했습니다. 그래서 사람을 시켜서 알아보니 무심천 수풀 사이에 불상 일곱 구가 묻혀 있었지요. 엄비는 불상을 모시기 위해 절을 짓도록 했습니다. 상당산성 안에 있는 보국사를 지금의 용화사 자리로 옮겨서 지었고, 미륵보전을 지어 일곱 구의 불상을 봉안하게 했습니다. 석불상군의 보호를 위해 보수하면서 용화보전으로 이름을 바꾸었습니다.

용화사는 고종과 엄비 사이에서 낳은, 즉 조선의 마지막 황태자였던 영친왕의 건강과 축복을 비는 원찰(자신의 소원을 빌기 위해 세운 사찰)로서의 역할을 하기도 했습니다. 대부분의 전각이 한국전쟁으로 불타 버려 현대에 이르러 다시 고쳐 지었습니다.

　청주 용화사 석불상군은 현재 보물 985호로 지정되어 있습니다. 다섯 구의 불상과 두 구의 보살상으로 이루어진 석불들은 모두 거대한 불상입니다. 현재 용화보전에는 세 구의 불상이 모셔져 있고, 나머지 네 구는 극락전에 모셔져 있습니다. 용화보전의 석불입상 중 가운데 석불입상 미륵불은 가장 큰 불상입니다. 신체는 전체적으로 부피감이 느껴지며 가슴 부위에 만卍자가 도드라지게 새겨져 있답니다. 왼쪽의 불상은 석가모니불로 뒤쪽에 나한상이 새겨져 있습니다. 이런 경우는 우리나라에서 찾아보기 힘들다고 하지요. 오른쪽의 석불입상은 약사여래불로 손에 약그릇을 들고 있습니다. 일곱 구의 불상들은 모두 양 어깨를 감싼 옷을 입고 있는 입상과 좌상으로 얼굴과 세부기법, 옷 주름 표현과 손 모양 등을 통해 고려 시대의 작품으로 짐작됩니다.

나도 석불상군처럼! 그런데 손 모양 따라하기가 너무 힘들어~

상당산성

[초등 사회 6-1]

주소 충청북도 청주시 상당구 산성동 산 28-1

구불구불한 산 능선을 따라 걷는 상당산성의 성벽 길은 정겨움이 한껏 느껴지는 곳입니다. 청주시가 한눈에 보이는 상당산성은 성벽이 골짜기를 싸고 있는 형태인 포곡식 석축산성입니다. 포곡식 산성은 우리나라 대부분의 산성 형태로, 물이 풍부하며 활동 공간이 넓은 것이 특징이지요.

삼한 시대에 마한 땅이었던 청주는 백제 시대에는 낭자곡성, 낭비성이라 불렸을 때도 있었지만, 주로 상당현으로 불렸습니다. 이곳은 백제 땅에서 고구려 땅이 되었다가 신라 진평왕 때

상당산성 여러 시대에 걸쳐 전쟁이 있었는데도 이 산성은 한 번도 침략된 적이 없었다고 한다.

신라 땅이 되었습니다.

상당산성은 백제의 상당현에서 유래된 이름입니다. 확실한 성을 쌓은 연대는 알 수 없지만 백제의 토성이기도 했고, 신라 시대 때 김유신의 셋째 아들이 쌓았다는 기록이 있습니다. 조선 선조실록에는 임진왜란 당시 원균이 고쳐 지었다고 하며, 숙종 때 대대적으로 성벽이 보수되었습니다. 영조에서 순조 때까지도 지속적으로 정비를 해 왔던 것으로 보입니다. 1977년부터 1978년까지 정비공사가 있었고 1992년 말기에 지금의 모습으로 완성되었습니다. 그런데 신기한 사실은 여러 시대에 걸쳐 전쟁이 있었는데도 상당산성은 한 번도 침략된 적이 없었다고 합니다.

상당산성은 처음 성을 쌓을 때부터 조선 시대 후기에 이르기까지 1500여 년 동안 산성의 역할을 다해 왔습니다. 외부에서 성 안을 볼 수 없는 구조로 되어 있으며, 유사시에는 백성들의 피난처가 되었습니다. 둘레는 4,400미터이며 크기가 일정하지 않은 석재로 수직에 가까운 성벽을 구축하고 안쪽은 흙모래로 쌓아 올렸습니다. 동·서·남방 세 개소에 성문을 두었는데, 남문은 돌을 네모반듯하게 쌓아 올려 홍예문을 만들고, 그 위에 목조 문루를 세웠습니다. 지금은 석축 부분만 남아 있답니다. 동문과 서문도 역시 문루가 있었으며 성문은 네모반듯하게 지었습니다. 동문과 남문 부근에 한 개씩 비밀문이라는 암문이 있고, 동남방에 수구(물을 끌어 들이거나, 흘러 내보내는 곳)가 있었는데 지금은 저수지가 있습니다. 성내에는 동장대와 서장대의 터가 남아 있습니다.

중원 봉황리 마애불상군

[초등 사회 4-2]
주소 충청북도 충주시 가금면 봉황리 산 27

 보통 마애불을 보면 많아야 삼존불 형식인데, 충주 봉황리 햇골산 기슭에는 많은 불상이 바위에 새겨져 군집을 이루고 있답니다. 널따란 바위에 일렬로 여덟 구의 불·보살상이 도드라지게 새겨져 있고, 반가사유상을 중심으로 보살 다섯 구가 조각되어 있지요. 또한 별도로 여래좌상과 옆면으로 공양을 하고 있는 보살상이 조각되어 있습니다. 이뿐만 아니라 이곳에서 남쪽으로 50미터쯤 가면 동쪽을 향한 암벽에 조각된 또 하나의 마애여래좌상을 만날 수 있습니다.

 중원 봉황리 마애불상군은 삼국 시대에, 조금 떨어진 곳에 있는 독존 마애불좌상은 통일신라 시대 초기에 만들어진 것으로 추정되지요. 이들은 신라와 고구려의 불상의 흐름을 함께 보여 주는 매우 귀한 자료로 평가받습니다. 이곳은 한강 유역과 낙동강 유역을 연결하는 지역으로 삼국 시대 때 서로 차지하기 위해 쟁탈전이 심했다고 합니다.

 중원 봉황리 마애불상군은 높이 170센티미터, 너비 약 500센티미터의 암벽에 불상·보살상·공양상이 조각되어 있고, 약간 간격을 두고 왼편에는 반가사유상을 중심으로 다섯 구의 보살상이 조각되어 있어 독특한 배치구도를 보입니다. 이런 방식은 삼국 시대 불상으로는 보기 드문 예라 할 수 있지요. 천년 세월 동안 마모되어 윤곽이 뚜렷하지 않지만, 바위면 두 곳에 도드라지게 새기는 기법으로 조각한 불상의 미소만은 여전히 온화하게 남아 있습니다.

 여래상의 당당한 어깨와 가슴, 손 모양, 두꺼운 법의 주름, 공

양자상의 고리 장식과 허리띠 처리 등은 삼국 시대 불상과 보살상에서 볼 수 있는 양식입니다. 중심 불상 옆에 한쪽 다리를 꿇고 앉아 있는 공양상은 고구려 고분벽화에 보이는 인물상을 닮은 듯합니다. 암벽 앞에는 약 5평 규모의 대지가 있는데, 이곳에서 다수의 기와 조각과 무문암막새기와가 자기 조각이 발견되었습니다. 아마도 사찰이 있었던 것으로 추정됩니다.

충주는 삼국의 중간 지역이라 다소 복합적인 문화를 가지고 있습니다. 그래서 충주 지역의 고대 석가모니 유적 중 지금까지도 뚜렷한 조성 시기가 밝혀진 것은 드물다고 합니다. 중원 봉황리 마애불상군도 그 가운데 하나이지요. 오랜 세월을 지켜 온 문화재의 이러한 비밀을 밝혀 내는 것은 우리의 몫이기도 합니다.

 # 중원 탑평리 7층 석탑

[초등 사회 4-2]
주소 충청북도 충주시 가금면 탑평리 11

중원 탑평리 7층 석탑 국보 6호로 중앙탑공원에 있는 이 탑은 통일 신라 시대 석탑으로 가장 큰 규모이며, 최고로 평가받는 7층 석탑이다.

　충주는 우리 국토의 한가운데라고 해서 중원中原이라 불렸습니다. 중원은 고대에는 마한의 땅이었고, 백제 근초고왕이 점령하면서 백제의 땅이 되었고, 고구려 광개토대왕과 장수왕 때는 고구려의 땅, 신라 진흥왕 때는 신라의 땅이 되었지요.

　한반도의 가운데이자 남한강이 있어 뱃길을 통해 문화교류가 활발했던 곳이라 삼국이 모두 탐낼 만한 지역이었습니다. 더군다나 철이 생산되는 곳이니 당시에는 꼭 차지하고 싶은 지역이기도 했겠지요?

　그래서 중원에 우뚝 세워진 중원 탑평리 7층 석탑은 꽤 큰 의미를 지닙니다. 탑이 건립 시기는 정확히 밝혀지지 않았지만 8세기경으로 추정됩니다. 이 석탑은 신라가 삼국을 통일하고, 고구려 세력을 진압한다는 목적으로 중앙이라는 것을 알리기 위해 세웠다는 설이 있지요. 또 다른 설로 충주에 왕의 기운이 있다고 해 이를 제압하기 위해 건립했다고도 합니다. 신라 때 고승인 김생이 이웃 반송산에 사찰을 건립하고 고대의 참고 서적을 보관하기 위해 건물을 짓고 탑을 세웠다는 설도 있습니다.

　이 탑은 우리나라의 중앙부에 위치한다고 해서 '중앙탑'이라고도 불린답니다. 현존하는 통일신라 석탑으로 가장 큰 규모인데다 최고로 평가받는 석탑이지요. 통일신라 시대 석탑으로는 유일하게 7층 석탑이기도 합니다. 국보 6호로 지정되어 지금은 중앙탑공원에 우뚝 서 있습니다.

　높이 14.5미터의 웅장한 이 탑은 흙으로 높게 쌓은 단 위에 2단의 기단과 7층의 몸돌과 지붕돌을 올렸습니다. 전반적으로 통일

신라 계열의 양식을 충실하게 따르고 있지요. 높은 탑의 몸을 받치기 위해 넓게 시작되는 기단은 각 면마다 여러 개의 기둥 모양을 새겨 놓았고, 탑 몸 부분의 각 층 몸돌 역시 모서리마다 기둥 모양을 조각했습니다. 위층으로 올라갈수록 몸돌과 지붕돌은 높이와 폭이 좁아져 안정감을 더합니다.

1917년에 이 탑을 해체 보수할 때 기단 밑과 6층의 탑 몸 부분에서 사리 장치가 발견되었습니다. 사리를 장치하기 위해 탑에 뚫어 논 구멍 안에서 은과 유리로 만든 사리병, 고려 시대 거울인 경감이 2매 나왔는데, 이는 탑을 세운 후에도 이 탑에 사리 장치를 했던 것으로 보입니다. 이후, 일제에 의해 해체 보수되면서 탑이 조금 기울었답니다.

탑 주변에서 옛 절터로 보이는 많은 석조물과 기와 등이 출토되었고, 고구려 계통의 양식으로 보이는 연화문 와당 등의 많은 기와들도 나왔습니다. 하지만 기와에 절 이름과 창건연대를 알아낼 만한 글자 등이 없어 여전히 풀어야 할 과제로 남아 있습니다.

# 중원 미륵리사지

[초등 사회 5-2]
주소 충청북도 충주시 수안보면 미륵리 58
주요 문화재 석불입상, 5층 석탑 등

    하늘재, 지릅재, 새재라는 이름도 아름다운 고개에 둘러싸인 험준한 산골짜기 북쪽 기슭에 미륵리사지가 있습니다. 절을 세운 연대와 내력뿐만 아니라, 절 이름도 확실하지 않습니다. 다만 '미륵당초'라고 새겨진 기와 등이 나온 것으로 보아 대략 고려 시대 전기에 세웠을 것이라 추정하고 미륵리사지로 부르고 있습니다. 중원 미륵리사지는 석불을 보호하기 위해 만든 석굴 사원입니다. 경주 석굴암을 떠올리면 쉽게 이해가지요? 특이한 것은 거대한 돌로 석굴을 쌓은 다음 불상을 모시고, 위로 목조 건물을 만든 흔적이 있다는 점입니다. 또한 석굴 자체가 석가모니불을 모신 중심 법당(금당)이고 금당의 방향이 북향입니다. 우리나라 사찰 가운데 금당 방향이 북향인 사찰은 미륵리사지가 유일합니다.

    이 절에는 앞서 덕주사 마애불에서 언급한 통일신라의 마의 태자와 덕주공주의 이야기가 전해져 오고 있지요. 나라를 잃은 슬픔을 안고 금강산으로 가던 덕주공주는 월악산에 덕주사를 세워 남향의 암벽에 마애불을 조성했고, 태자는 이곳에 석굴을 파고 불상을 북쪽으로 두어 덕주사를 바라보게 했다고 하지요.

이 석굴사원은 고려 시대나 조선 시대 때 다시 고쳐 지었으나 임진왜란 때 불타 버렸다고 합니다. 그래서 지금은 완전한 석굴사원의 형태가 아닙니다. 절터 안에는 5층 석탑, 석불입상, 3층 석탑, 석등, 거북 받침돌, 당간 지주, 불상대좌 등의 많은 석조 유물이 있습니다. 계단식으로 조성이 되어 있어 맨 뒤에 있는 석불입상에 초점이 맞춰지게 되는 구조입니다.

중원 미륵리사지에는 보물급 유물이 두 점 있는데, 석불입상과 5층 석탑이지요. 괴산 미륵리 석불입상은 보물 96호로 지정된 미륵리 절터의 중심 불상입니다. 원래 석굴사원 안에 조성된 불상으로 현재는 북쪽을 제외하고 세 면이 거대한 석축으로 둘러싸여 있습니다. 거대한 돌덩이 네 개를 이어 올려 몸 전체를 이루고, 갓과 좌대를 각각 다른 돌로 해 모두 6매의 돌로 만들었습니다. 높이는 10.6미터에 이르는데, 이 지역에서 유행했던 고려 시대에 많이 조성된 거대한 불상 가운데 하나랍니다. 둥글고 흰 얼굴에 어깨가 좁고 몸은 돌기둥

괴산 미륵리 석불입상 신라 시대 말기 마의태자가 나라를 잃은 슬픔을 안고 만든 불상이다.

괴산 미륵리 5층 석탑

처럼 간략하게 표현된, 소탈한 인상을 풍기는 불상입니다. 덕주사 마애불을 바라보고 있다는 불상이지요.

중원 미륵리사지 5층 석탑은 보물 95호로 지정된 고려 시대 석탑입니다. 기단부의 아랫부분이 땅속에 파묻혀 정확한 구조를 알 수 없습니다. 원래 그 자리에 있던 자연석을 기단으로 조성한 독특한 구조이지요. 지붕돌은 급격하게 좁아져 석탑 전체의 균형을 손상시키고 있습니다. 머리 장식 부분에는 큼직한 네모난 모양의 장식이 있고 맨 꼭대기에는 쇠꼬챙이 모양의 장식이 있습니다. 전체적으로 투박해 보이는 석탑입니다.

중원 미륵리사지에서 조금 떨어진 곳에 소박하고 단아한 모습의 3층 석탑도 있습니다. 절은 사라지고 없지만 많은 문화재가 남아 있는 중원 미륵리사지에서 마의태자와 덕주공주의 전설을 떠올리며 문화재들을 감상해 보는 것은 어떨까요?

지붕돌이 급격히 좁아져 있네.

청룡사지

[중등 국사]

주소 충청북도 충주시 소태면 오량리 산 32
주요 문화재 보각 국사 정혜원륭탑·비·전 사자 석등, 위전비 등

　충주 청계산 숲 속에 보각 국사의 부도비와 부도, 사자 석등이 한 줄로 늘어서서 세상과 무관한 듯 옛 절터를 지키고 있습니다. 번잡스런 도시와는 달리 한적하고 여유로운 맛은 문을 닫은 절터가 주는 선물이기도 합니다.

　지금은 문을 닫은 절터가 된 청룡사가 정확히 언제 세워졌는지 알 수 없지만 고려 시대에 세워진 것으로 알려져 있습니다. 전해 오는 이야기에 따르면 한 도승이 이 근처를 지나다가 공중

청룡사지 왼쪽부터 청룡사 보각 국사 정혜원륭탑비·정혜원륭탑·전 사자 석등이 한 줄로 늘어서서 옛 절터를 지키고 있다.

청주시 | 청룡사지

에서 용 두 마리가 여의주를 희롱하는 것을 보았다고 합니다. 그래서 주변 산세를 살피니 풍수지리설상 용이 하늘로 오르는 형상의 좋은 자리였지요. 도승은 용의 꼬리에 해당하는 곳에 암자를 짓고 청룡사라 이름 지었답니다.

이 절터의 부도 주인공인 보각 국사가 태조 원년에 세상을 뜨자 태조가 '보각'이라는 시호를 내리고 절을 크게 고쳐 지었지요. 그런데 왕의 명으로 고쳐 지은 절이 어처구니없는 이유로 문을 닫게 되었답니다. 조선 시대 말기에 판서를 지낸 민대룡이 명당으로 알려진 청룡사 자리에 소실(첩)의 무덤으로 쓰려고 승려를 시켜 절을 불태웠던 것이지요.

청룡사는 일제강점기 때 절터 북쪽에 절을 복원하고 고쳐 지어 오늘에 이르고 있습니다. 옛 청룡사 터에는 보각 국사와 관련된 유물이 지금도 남아 있지요. 국보 197호 청룡사 보각 국사 정혜원륭탑과 보물 656호 청룡사 보각 국사 정혜원륭탑 전 사자석등, 보물 658호 청룡사 보각 국사 정혜원륭탑비입니다.

청룡사 보각 국사 정혜원륭탑은 보각 국사의 사리를 모셔 놓은 부도탑입니다. 태조 원년에 보각 국사가 죽자 태조는 새로운 이름과 함께 '정혜원륭'이라는 탑 이름을 내려 부도탑을 건립하게 했습니다. 부도는 전체 팔각으로 중대석과 몸돌을 부풀려 놓는 등 고려 시대 부도들에 비해 새로운 모습을 하고 있지요. 종 모양으로 각 면마다 무기를 들고 서 있는 신장상을 정교하게 새겨 놓았습니다. 그 사이사이 모서리에는 위로 날아오르는 이무기가 배흘림기둥의 모습으로 조각되어 있어 무척 아름답습니다.

지붕돌은 두툼하며 윗면의 경사가 급하게 내려오다 귀퉁이에서 높이 들려 있는데, 마치 목조 건축의 아름다운 지붕 곡선을 보는 듯합니다. 지붕 귀퉁이의 용머리 조각 등 전체적으로 조각이 많아 더욱 화려하게 보이지요. 부도 바로 앞에 배례석이 있고 석등과 부도비가 앞뒤로 나란히 보존한 조선 시대에 나타난 배치방식이라 주목할 만합니다.

조선 시대 석등인 청룡사 보각 국사 정혜원륭탑 전 사자 석등은 보각 국사의 명복을 빌어 주기 위해 그의 사리탑 앞에 세워졌습니다. 3단의 받침 가운데 아래 받침돌은 앞을 향해 엎드려 있는 사자를 조각했습니다. 그래서 사자석등으로 불리는데, 불을 밝혀 두는 화사석을 중심으로 아래 3단의 받침을 두고, 위로는 지붕돌과 머리 장식을 얹었습니다.

청룡사 보각 국사 정혜원륭탑비는 부도탑비로 고려 공민왕과 공양왕, 조선 태조의 국사이기도 했던 보각 국사를 기리기 위해 세워졌습니다. 비는 한 장의 돌로 된 네모난 받침돌 위에 비 몸돌을 세우고 머릿돌을 따로 얹지 않고 몸돌 양 귀퉁이를 접듯이 깎아 마무리해 놓았습니다. 비의 앞면에는 보각 국사의 행장(죽은 사람이 평생 살아온 일을 적은 글)이, 뒷면에는 200여 명에 이르는 그의 제자들의 이름이 적혀 있지요. 비문의 글씨는 양촌 권근이 썼습니다. 그밖에 충주 청룡사 위전비, 충주 청룡사지 석조형 부도 등이 있습니다.

충주 청룡사 위전비

충주 청룡사지 석종형 부도

중원 고구려비

[초등 사회 6-1]
주소 충청북도 충주시 가금면 용전리 입석부락 280-11

광개토대왕이 막강한 고구려를 세우기 위해 만주벌판을 호령했다면, 그의 아들 장수왕은 삼국통일을 꿈꾸며 신라와 백제의 땅을 넘나들었습니다. 그 역사의 흔적으로 광개토대왕은 만주에 광개토대왕비를 남겼고, 장수왕은 중원에 고구려비를 남겼답니다.

충주의 입석마을에는 우뚝 서 있는 고구려비는 그 역사적 가치를 인정받기 전에는 마을을 지키는 돌인 줄로만 여겨졌습니다. 심지어 동네 우물가의 빨래판으로 사용되기도 했습니다. 1979년에야 고구려비라는 것을 알게 되어 지금은 보호각을 설치했습니다.

중원 고구려비는 국내에 유일하게 남아 있는 고구려 석비로 국보 205호로 지정해 관리하고 있습니다. 장수왕이 남한강 유역의 여러 성을 공략해 빼앗은 기념으로 고구려비를 세웠으리라 추측하고 있습니다. 고구려비의 건

립 연대는 5세기 후반으로 보며, 비석은 화강암 재질로 된 자연석의 돌기둥 모양으로 사면에 글을 새겼습니다. 그러나 오랜 세월 동안 심하게 닳아서 해독이 가능한 글자는 약 230여 자 정도에 지나지 않는다고 합니다. '고려대왕'이라는 글자가 맨 먼저 나오는데, 고려는 고구려를 의미합니다. 고구려 관직 이름이나 고구려가 신라를 부르는 말 등에서 확실히 고구려비임이 밝혀졌지요. 만주에 있는 광개토대왕비와 비슷한 형태를 보인다고 합니다.

이 비석은 고구려 영토의 경계를 표시하는 비입니다. 고구려가 백제의 도읍인 한성을 함락하고 한반도의 중부 지역인 충주 지역에까지 영토를 확장한 사실을 말해 주는 역사적인 증거지요. 중원 고구려비는 삼국 시대 당시 삼국의 관계를 밝혀 주는 자료이자, 우리나라에 남아 있는 유일한 고구려비라는 점에서 커다란 역사적 가치를 지니고 있답니다.

괴산 원풍리 마애불좌상

[초등 사회 4-2]
주소 충청북도 괴산군 연풍면 원풍리 산 124-1

문경새재가 있는 산기슭에는 절벽처럼 생긴 바위가 있습니다. 그 암벽에 감실을 파서 두 불상을 꽉 차게 새겨 놓았습니다. 충주와 가까운 곳에 있지만 괴산 원풍리 마애불좌상이라 부르는 마애상입니다. 보물 97호로 지정된 괴산 원풍리 마애불좌상은 한 감실에 두 불상을 나란히 배치한 마애불로서 우리나라에서는 흔치 않는 경우입니다.

고려 시대 전기에 조성된 것으로 추정되는 두 불상의 규모와

괴산 원풍리 마애불좌상 두 불상을 나란히 배치한 마애불로서 우리나라에서는 흔치 않은 작품이다.

표정은 거의 같은 편입니다. 높이가 12미터나 되는 큰 암석을 우묵하게 팠는데, 우리나라에서는 드문 사례지요. 표정은 대체로 근엄한 편이며, 조금 강한 인상을 주는 불상입니다. 감실을 만들면서 부처의 얼굴 부분은 다른 곳보다 더 깊이 파서 그런지 다른 부분에 비해 입체감이 나타납니다.

두 부처의 머리 뒤에 있는 광배는 독특하게도 작은 부처가 다섯 구씩 얕게 새겨져 있지요. 얼굴 부분에 비해 상반신은 형식적으로 표현되었고, 밖으로 튀어나온 무릎 아랫부분은 많이 닳은 편입니다. 팔꿈치 아래도 많이 닳은 편이라 손 모양도 제대로 알아볼 수 없습니다. 특히 왼쪽 부처의 코는 떨어져 나갔는지, 원래 다른 것으로 끼워 넣었는지 모를 정도로 떨어져 나간 자국이 깊게 패어 있습니다. 두 불상의 몸과 머리 등에는 구멍이 나 있는데, 한국전쟁 당시 총알이 뚫고 간 자리라고 합니다.

이 마애불좌상은 법화경에 나오는 다보여래와 석가여래의 설화를 반영하는 것으로 짐작됩니다. 석가여래가 대중 앞에서 설법을 하고 있는데 갑자기 칠보(금, 은, 유리, 파리, 마노, 거거, 산호인 일곱 가지 보배)로 찬란하게 장식한 큰 탑이 땅에서 쑥 솟아올랐습니다. 그 탑에는 부처라는 다보여래가 앉아 있었지요. 다보여래는 석가여래의 가르침에 찬사를 보내며 탑 위에 올라앉으라고 권했습니다. 석가여래는 다보여래의 권유에 응해 함께 탑 위에 앉았다는 설화가 내려오고 있습니다.

각연사

[초등 사회 6-1]

주소 충청북도 괴산군 칠성면 태성리 38
주요 문화재 대웅전, 석조비로자나불좌상, 통일 대사 탑비 등

칠보산, 보배산, 덕가산으로 둘러싸인 각연사는 산 중턱에 한가롭게 자리하고 있습니다. 일주문에는 '보개산 각연사'라는 현판이 걸려 있는데, 보개산은 실제 존재하는 산이 아닙니다. 불단 위에 만들어져 있는 지붕 모형을 보개라고 하는데, 칠보산, 보배산, 덕가산이 감싸 안은 모습이 꼭 보개 같아서 보개산이라고 했다는 말이 있지요.

각연사는 신라 법흥왕 때 유일 화상이 세웠다고 전하지만, 고

각연사 비로전 석조비로자나불좌상을 모셔 둔 비로전은 팔작지붕의 다포양식이다.

려 시대 초기 통일 대사가 세웠다는 기록도 있습니다. 창건설화에는 유일 화상의 이야기가 전해집니다.

유일 화상은 절을 짓기 위해 쌍곡리에 자리를 잡고 공사를 했습니다. 그런데 까마귀 떼가 나타나서 대패 밥과 나무 부스러기를 물고 날아갔습니다. 유일 화상이 따라가 보니 까마귀 떼가 대패 밥을 어느 연못에 떨어뜨리고 연못가에 앉아 있었답니다. 그 연못에 한 석불이 있어 연못을 메우고 절을 지었는데, 그 절이 바로 지금의 각연사 비로전입니다. 절터를 깨닫게 해준 연못이라고 해서 각연사라는 이름이 지어졌다는 이야기지요.

각연사 석조비로자나불좌상 각연사 비로전에 있는 보물 43호로 물방울 모양의 광배가 독특하다.

각연사는 유명 사찰에서 느끼는 번잡함이 덜한 곳입니다. 주변 산세가 수려할 뿐만 아니라 사하촌이나 상점가가 절에서 많이 떨어져 조용하지요. 또한 넓은 마당을 두고, 전각들이 있는 점도 특징입니다. 각연사의 경내에 있는 건물과 석물 외에 주위 산간에 또 다른 석조문화재도 있습니다.

각연사 비로전 안에는 보물 433호 각연사 석조비로자나불좌상이 모셔져 있지요. 10세기경 통일신라 시대 작품으로 추정되는데, 팔각대좌에 광배를 갖춘 불상입니다. 조금 왜소해 보이는 불상으로 얼굴형은 삼각형이고, 이목구비는 평범합니다. 어깨는 움츠러들었고, 가슴도 빈약해 입체감이 떨어집니다. 옷 주름도

형식적으로 처리해 위엄이 사라진 불상입니다. 하지만 광배는 조금 독특한 편이지요. 머리 광배와 몸 광배를 구분하듯 가운데 가 들어가 있는 물방울 모양의 광배입니다. 광배에는 불상의 머리 위쪽과 불상 양쪽으로 각각 세 구의 작은 부처가 새겨져 있고, 연꽃무늬와 구름무늬, 불꽃 모양의 조각은 화려하게 느껴집니다.

각연사에서 1킬로미터쯤 떨어진 산 중턱으로 가면 보물 1295호 각연사 통일 대사 탑비를 볼 수 있습니다. 각연사 통일 대사 탑비는 고려 시대 전기의 승려인 통일 대사의 행적을 기록하고 있는 비이지요. 고려 시대 전기에 조성한 것으로 추정됩니다. 등에 아무런 장식을 하지 않은 거북 받침돌 위로 비 몸을 세우고, 머릿돌을 얹었습니다.

칠보산 남쪽 기슭에는 각연사 통일 대사 부도가 있습니다. 보물 1370호로 지정되었지요. 전형적인 팔각원당형 석조부도로 기단 부분·탑 몸 부분·머리 장식 부분을 갖추었습니다. 각종 연꽃무늬 조각이 두드러지는 부도입니다. 각부의 조각 수법이 우수할 뿐만 아니라, 무너져 있던 것을 복원했음에도 불구하고 각 부를 구성하는 부재 또한 완전합니다. 보통은 부도와 탑비가 가까운 곳에 있는데, 통일 대사 부도탑과 탑비는 꽤 떨어져 있습니다.

단양 신라 적성비

[초등 사회 6-1]
주소 충청북도 단양군 단성면 하방리 산 3-1

단양군

충주에 중원 고구려비가 있다면 단양에는 신라 적성비가 있습니다. 충주나 단양 인근의 남한강 주변 지역은 삼국통일의 발판으로 삼을 수 있는 중요한 지역으로 삼국이 각축전을 벌이던 곳이지요. 단양 적성현은 고구려의 영토였다가 신라 진흥왕 때 신라 영토로 바뀌었고, 이후 단양 신라 적성비가 세워졌습니다.

국보 198호인 단양 신라 적성비는 1978년에 단양 성재산에 있는 돌로 쌓아 만든 산성인 적성산성에서 발견되었습니다. 이는 신라가 적성현을 점령하고 적성산성 내에 신라 적성비를 세웠다는 사실을 알려줍니다. 신라 적성비는 30센티미터 정도가 땅속에 묻힌 채로 발견되었는데, 비록 윗부분은 잘려 나가고 없지만 양 옆면이 거의 원형으로 남아 있지요.

비는 단단한 화강암을 물갈이한 뒤 그 위에 직경 2센티미터 내외의 글자를 음

단양 신라 적성비 오랫동안 땅 속에 파묻혀 있어서 비면이 깨끗해 글자가 뚜렷이 보인다. 하지만 윗부분이 파손되어 전체 내용을 파악할 수 없다.

각(글자를 평평한 면에, 안으로 들어가게 새김)했습니다. 위는 넓고 두꺼우며 아래는 좁고 얇습니다. 오랫동안 땅속에 파묻혀 있었던 탓에 비면이 깨끗하고 글자가 뚜렷해 판독이 불가능한 글자가 거의 없답니다. 하지만 안타깝게도 윗부분이 파손되어 전체 내용을 완전히 파악할 수 없습니다.

비문은 크게 처음의 연월일을 기록한 부분과 본문, 그리고 비를 세우는 데 관계한 사람들을 기록한 세 부분으로 나누어집니다. 연월일을 기록한 부분은 파손이 되어 있습니다. 비문에는 신라의 영토 확장을 돕고 충성을 바친 사람의 공훈을 표창함과 동시에 장차 신라에 충성을 다하는 사람에게도 똑같은 포상을 내리겠다는 내용이 담겨 있지요.

이 비석을 통해 신라의 형벌 및 행정에 대한 법제도에 대한 사실을 알 수 있고, 《삼국사기》와 일치하는 면을 보아 비의 건립이 545~550년(신라 진흥왕 6~11) 사이였을 것으로 추정됩니다. 또한 고구려를 공략할 전략적 요충지인 적성 지역에 비를 세운 것은 새 영토에 대한 확인과 함께 새로 신라에 따르게 된 고구려인들을 흡수하려는 신라의 의지 표현이기도 하지요. 그래서 왕이 직접 나라 안을 두루 돌아다니며 백성들의 생활 형편을 살핀 기념으로 세우는 순수비는 아니지만, 순수비의 정신을 담고 있으며 영토 편입을 기념해 세운 척경비라는 점에서 큰 가치를 지니고 있답니다.

톡톡! 이야기 주머니

사람 이름과 관련된 단양의 유적지

〈정도전과 도담삼봉〉

도담삼봉은 단양팔경의 하나로 남한강 상류 한가운데 세 개의 기암으로 이루어진 섬을 말합니다. 가장 큰 늠름한 장군봉을 중심으로 남봉은 첩봉 또는 팔봉이라 하고, 북봉은 처봉 또는 아들봉이라고 하지요. 이 이름은 아들을 얻기 위해 첩을 둔 남편을 미워해 돌아앉은 본처의 모습을 한 데서 유래되었답니다.

도담삼봉은 조선의 개국공신인 정도전과 밀접한 관계가 있습니다. 단양은 정도전의 외가이기도 하고, 어린 시절을 보내기도 했던 곳이지요. 정도전의 호인 '삼봉'은 바로 도담삼봉에서 따왔습니다.

삼봉은 원래 강원도 정선군의 삼봉산이었는데, 홍수 때 떠내려와 단양의 도담삼봉이 되었다고 해서 단양에서 정선에 세금을 내고 있었습니다. 어린 소년이었던 정도전은 "우리가 삼봉을 떠내려 오라 한 것도 아니요, 오히려 물길을 막아 피해를 보고 있어 아무 소용이 없는 봉우리에 세금을 낼 이유가 없으니 필요하면 도로 가져가라"고 했습니다.

그 이후로 단양은 정선에 세금을 내지 않았다는 말이 전해져 올 만큼 정도전과 도담삼봉의 인연은 아주 깊지요.

으~, 홍수에 봉우리가 세 개나 떠내려 왔네!

온달산성

〈온달과 온달산성, 온달동굴〉

단양에 있는 온달산성은 고구려 평원왕의 사위이자 평강공주의 남편인 온달 장군이 쌓았고, 전사한 곳으로 알려져 있습니다. 역사적 진위는 확실치 않지만 온달산성이 고구려의 산성인 것은 확실합니다. 평강공주와 바보온달 설화는 모두 알고 있듯이 울보공주였던 평강공주가 자꾸 울면 바보온달에게 시집보낸다는 평원왕의 말에 정말 바보온달에게 시집을 갔고, 바보온달을 훌륭한 장군으로 만들었다는 이야기지요.

온달산성 아래는 온달이 수련을 했다는 온달동굴도 있을 만큼, 인근에는 온달의 전설이 가득합니다. 온달산성에서 보이는 남한강 나루터에도 전설이 있지요. 성을 공격하다 전사한 온달 장군의 시신을 담은 관이 이 나루터에 도착했는데 병사들이 아무리 힘을 써도 꿈쩍하지 않았다고 합니다. 아내인 평강공주가 찾아와 장군의 관을 쓰다듬으며 "이미 생사가 갈렸으니 이러지 마오"라고 말하자 그제야 관이 움직였다고 하지요.

온달이 성을 짓기 위해 돌을 나르다 쉬었다는 휴석동이라는 곳도 있습니다. 휴석동에는 온달이 병사들과 함께 무료함을 달래기 위해 엄지손가락을 눌러 만들었다는 윷판바위가 있습니다. 산성에서 한달음에 휴석동까지 뛰어오느라 생겼다고 전해지는 발자국도 있는데, 주변 도로 공사과정에서 훼손되었다고 해요. 인근 충주 미륵사지에는 온달이 가지고 놀았다는 공기돌이 발견되었다고 하니 온통 온달 장군의 이야기로 넘쳐나네요!

법주사

[초등 사회과 탐구 4-2]

주소 충청북도 보은군 속리산면 사내리 209
홈페이지 http://www.beopjusa.or.kr
주요 문화재 팔상전, 석연지, 쌍사자 석등, 마애여래의상 등

골짜기마다 기암절벽이 늘어서 있는 속리산은 조선팔경 가운데서 빠지지 않을 만큼 산세가 아름답습니다. 무엇보다 문화유산의 보고인 법주사가 있어서 더욱 빛이 나지요. 법주사로 향하는 길은 오랜 노송이 쭉쭉 뻗어 더욱 멋스럽지요. 특히 유명한 정이품송은 그에 얽혀 있는 전설만큼 정겹습니다.

조선 세조가 법주사에 갈 때 있었던 일입니다. 가마가 소나무 가지에 걸려 지나가지 못하자 소나무가 스스로 가지를 올렸다고

법주사 의신 대사가 속리산에 세운 절로, 쌍사자 석등, 석연지, 팔상전 등의 국보가 있다.

법주사 팔상전 부처의 일생을 여덟 장면으로 그린 팔상도가 있는 5층 목탑으로 우리나라에서 유일한 목조탑이다.

합니다. 이에 세조가 감복해 소나무에게 정이품의 벼슬을 내려 정이품송이 되었답니다.

 오랜 세월 동안 호서 지역(충청 지역)에서 큰 사찰로 자리를 굳힌 법주사는 신라 진흥왕 때 세운 절입니다. 의신 대사가 서역에서 돌아올 때 나귀에 불경을 싣고 오는데 나귀가 이곳에 머물러서 절을 지었다고 합니다. 그래서 부처님의 법[法]이 이곳에 머물렀다[住]는 뜻에서 법주사라 이름 지어졌습니다.

 천 년을 큰 절로 이어오던 법주사는 임진왜란 때 모두 불타 버려, 인조 때 벽암이 고쳐 지었습니다. 그래서 목조 건물은 조선 시대 후기의 건물이 대부분이랍니다. 이후에도 여러 차례 고

쳐 지어 오늘에 이르고 있습니다.

　법주사에는 많은 문화유산들이 남아 있지요. 우리나라 3대 불상전 가운데 하나인 대웅전을 중심으로 용화전, 원통보전, 명부전, 능인전, 조사각, 진영각, 삼성각 등 여덟 개의 전각이 있습니다. 일주문, 금강문, 사천왕문, 종고루, 부도전 등 다섯 개의 부속 건축물, 선원, 강원, 염불원 등 세 개의 원도 있지요. 또한 염화당, 용화당, 미룡당, 응주전, 사리각, 종무소를 포함한 십여 채의 스님들이 생활하는 요사채들이 남아 있어 모두 30여 동의 건물이 조성되어 있습니다. 자, 그럼 법주사 곳곳에 남아 있는 문화재를 둘러볼까요?

　법주사에는 우리나라에서 유일한 5층 목조탑이 있습니다. 바로 국보 55호 법주사 팔상전이지요. 팔상전은 부처의 일생을 여덟 장면으로 구분해서 그린 팔상도가 있어서 붙여진 이름입니다. 이 탑은 석탑의 좁은 공간과는 달리 건물 안쪽은 사리를 모시고 있는 공간과 불상과 팔상도를 모시고 있는 공간, 예배를 위한 공간으로 이루어져 있지요. 앞·옆면이 각각 1층과 2층은 다섯 칸, 3층과 4층은 세 칸, 5층은 두 칸씩 되어 있어 웅장함이 느껴집니다.

　사면에는 돌계단이 있고, 지붕은 꼭짓점을 중심으로 네 개의 지붕면이 있는 사모지붕으로 만들었으며, 흔히 탑 형식에서 볼 수 있는 머리 장식이 달려 있습니다. 법주사 팔상전은 법주사의 창건 당시부터 있었지만, 현재 건물은 임진왜란 후에 지어졌습니다. 지금까지 남아 있는 우리나라 탑 가운데 유일한 목조탑이면서 가장 높은 탑이기도 합니다.

법주사 대웅전에서 팔상전에 이르는 앞마당에는 신라 시대 석등이 서 있습니다. 법주사 쌍사자 석등으로 국보 5호입니다. 팔각 바닥돌 위에 가운데 돌 역할을 하는 두 마리의 사자가 앞발을 높이 치켜들어 윗돌을 떠받치는 독특한 양식이지요. 아랫돌과 윗돌에는 각각 연꽃을 새겨 두었는데, 아랫돌은 한 겹의 커다란 연꽃 문양과 그 속에 또 다른 꽃 문양을 조각했습니다. 사자는 현재 남아 있는 사자 조각들 가운데 가장 걸작으로, 머리의 갈기, 다리와 몸의 근육까지도 사실적으로 표현해 마치 살아 있는 듯하지요. 화사석은 많이 꾸미지 않아 소박하고 안정감이 있습니다.

대웅전 앞에 이르면 보물 15호로 지정된 법주사 사천왕 석등이 보입니다. 신라의 전형적인 팔각석등으로 전체적으로 팔각을 이루고 있지요. 화사석에 사천왕이 새겨져 있어 사천왕 석등이라 부릅니다. 사천왕의 조각이 매우 역동적인 것이 눈에 띕니다. 네모난 받침돌 위에 아래 받침돌은 면마다 논 모양의 장식을 얕게 새기고, 그 윗면은 가운데 받침돌을 사이에 두고 윗받침돌과 대칭되게 연꽃을 새겼습니다. 대체로 각 부분의 양식이 뛰어나고 조각수법이 우수한 편이지요. 통일신라 시대의 석등을 대표할 만한 작품이랍니다.

법주사 대웅전은 보물 915호로 비로자나불을 중심 불상으로 석가여래와 노사나불이 좌우에 있는

법주사 쌍사자 석등 사자 두 마리가 앞발을 높이 치켜들어 윗돌을 떠받치고 있다. 사자 조각들 가운데 가장 걸작으로, 마치 살아 있는 듯 사실적으로 표현했다.

삼신불을 모신 전각입니다. 이 건물은 앞면 일곱 칸, 옆면 네 칸의 2층 팔작지붕으로, 고려 시대 중기에 처음 세운 것으로 알려져 있습니다. 조선 인조 때 보수해 고려 시대 보다 조선 시대 중기의 양식을 잘 갖추고 있지요. 규모가 크지만 비율이 적절해 매우 아름다운 귀중한 건물입니다.

법주사 대웅전·법주사 사천왕 석등 법주사 대웅전은 무량사 극락전, 화엄사 각황전과 함께 우리나라 3대 불전이며, 법주사 사천왕 석등은 조각 수법이 우수해 통일신라 시대의 석등을 대표할 만하다.

그리고 대웅전뿐만 아니라 원통보전도 보물 916호로 지정되어 있습니다. 법주사 원통보전은 머리에 화관을 쓰고 있으며, 얼굴에는 자비로운 웃음을 머금고 있는 관세음보살을 모신 전각입니다. 앞면과 옆면이 각 세 칸씩 이루어진 정사각형 1층 건물로, 지붕은 중앙에서 사면으로 똑같이 경사진 사모지붕에 주심포양식입니다. 이 원통보전은 창건 당시 지어졌으며, 임진왜란 때 불탄 것을 인조 때 벽암이 다시 지었습니다.

능인전 옆의 추래암 암벽에는 고려 시대의 법주사 마애여래의상이 새겨져 있습니다. 보물 216호로 지정되어 있지요. 의상倚像이란 의자에 앉아 있는 모습을 말하는데, 이 마애불은 의자 대신에 연꽃대좌 위에 앉아 있습니다. 전체적으로 머리로부터 어깨·팔·무릎에 이르기까지 모두 평면적이고 거칠게 조각했습니다. 마애여래의상 왼쪽 아래에는 마애불보다 예술성이 떨어지는 두 개의 또 다른 조각이 있습니다. 하나는 짐을 싣고 있는 말과 그 말을 끌고 있는 사람이 조각되어 있고, 다른 하나는 말

앞에 무릎을 꿇고 앉은 소입니다. 모두 법주사의 창건설화를 그림으로 표현한 것이지요.

법주사에는 보물급 불상과 불화도 있습니다. 보물 1417호로 지정된 법주사 희견보살상은 매우 독특한 보살상이지요. 두툼한 판석과 커다란 그릇을 머리에 이고 있는 모습의 입상으로, 법화경을 공양하기 위해 자신의 몸과 팔을 불태워 부처 앞에 바쳤다는 희견보살을 표현했습니다. 보살상은 하나의 돌로 대좌에서 머리 위의 판석까지 조각했고, 맨 위의 향로만이 다른 돌입니다. 전체적으로 선이 굵고 대담한 기법이 돋보이는 통일신라 시대의 작품입니다.

우리나라의 소조불상 가운데 가장 큰 불상도 있습니다. 보물 1360호인 법주사 소조삼불좌상은 연꽃대좌 위에 삼신불을 흙으로 빚었다고 믿기 어려울 만큼 거대한 규모이지요. 비로자나불을 중심 불상으로 노사나불과 석가불이 옆에 있는 삼불상입니다. 전체적인 모습은 같고, 손 모양만 다릅니다.

보물 1361호로 지정된 법주사 목조관음보살좌상도 빠뜨리면 안 되겠지요. 법주사 목조관음보살좌상은 관음보살을 표현한 조선 시대 후기 불상입니다. 관세음보살, 원통 대사라 불리는 관음보살은 깨달음을 의미하지요. 사바세계의 모든 중생을 괴로움에서 벗어나게 해주는 자비의 보살로 머리에 아름다운 보관을 썼습니다. 간단하고 단순·소박하지만 부피감이 있는 이 목조관음보살상은 부드러운 곡선미가 느껴집니다.

불화에는 보물 1259호로 지정된 법주사 괘불탱이 있습니다.

보살 형태의 단독상을 화면 전체에 꽉 차게 그려 넣은 그림이랍니다. 보살상은 양 손으로 꽃가지를 받치고 서 있는 모습으로, 큰 상체에 비해 하체는 짧게 표현했습니다. 전체적인 비례는 잘 맞지 않지만 묵중하고 중후한 느낌이지요. 다양한 무늬와 장식, 밝고 선명한 원색과 중간색을 적절히 사용해 화려하고 밝은 분위기를 느끼게 합니다. 괘불탱의 배경과 당시의 불교 사상을 파악할 수 있는 글이 남아 있어 더욱 중요한 작품입니다.

그밖에도 법주사에는 국보 64호인 법주사 석연지와 보물 1413호인 법주사 철확, 보물 848호인 신법천문도병풍이 있습니다.

법주사 석연지는 큼직한 돌로 만든 연못이지요. 물을 담아 두며 연꽃을 띄워 두었다고 해요. 팔각의 받침돌 위에 버섯 모양의 구름무늬를 새긴 굄돌을 끼워서 큼지막한 몸돌을 떠받치고 있습니다. 반쯤 피어난 연꽃 모양을 한 몸돌은 커다란 돌의 내부를 깎아 만들었습니다. 화사하게 새긴 꽃무늬들이 곡선과 아름다운 조화를 이룹니다. 8세기경에 제작된 통일신라 시대의 작품으로, 절제된 화려함 속에 우아함이 피어나는 아름다운 작품이지요.

법주사 석연지 돌로 만든 작은 연못으로, 물을 담아 연꽃을 띄워 두었다.

삼년산성

[초등 사회과 탐구 6-1]
주소 충청북도 보은군 보은읍 어암리 산 1-1

옛날에는 튼튼한 성을 갖는다는 것은 곧 국방이 튼튼해진다는 뜻이었습니다. 보은의 삼년산성은 이름에서 그 뜻을 찾을 수 있지요. 마을 이름이 삼년이어서 삼년산성이란 말도 있지만 가장 **튼튼**한 성을 쌓기 위해 **삼 년**이나 걸렸다고 해서 **삼년산성**이라고 합니다.

보은은 지리적으로 서북쪽으로 나아갈 수 있는 요건을 갖춘 곳이지요. 그래서 신라는 고구려와 백제로 나아갈 발판을 삼기 위해 이곳에 산성을 쌓았답니다. 470년(신라 자비왕 13)에 성을 쌓기 시작해 삼 년에 걸쳐 완성했다는 삼년산성은 그 뒤로 신라의 효자 노릇을 톡톡히 했습니다. 이 성에서 백제와 전투를 벌여 승리했고, 삼국통일의 발판을 마련하기도 했지요. 또한 삼년산성은 당나라의 사신을 맞이해 회의를 연 곳이기도 합니다.

삼년산성 삼 년에 걸려 성을 쌓았다고 해서 삼년산성이라고 하며, 신라는 이곳을 고구려와 백제의 공격을 위한 발판으로 삼았다.

후삼국 시대 견훤은 삼년산성을 먼저 차지하고 왕건과 전투를 벌였습니다. 당시 견훤이 승리를 거둔 데에는 견고하고 지형적인 요건이 확실한 삼년산성이 큰 역할을 했답니다.

삼년산성은 오정산에 있으며, 산 능선을 따라 견고하고 웅대하게 지어졌습니다. 성 둘레는 약 1.7킬로미터이고 성벽의 높이는 13미터, 폭은 5~8미터에 이릅니다. 삼년산성은 철저히 돌로만 쌓은 성으로 한 줄은 가로로 쌓고, 다음 줄은 세로로 쌓아 우물 정#자 모양으로 넓고 높게 쌓았습니다. 그만큼 견고하고 튼튼합니다. 삼년산성은 산성의 기초인 벽 쌓기와 돌 치성, 수문 등에서 독특한 방법을 사용했을 뿐만 아니라, 견고함에서도 나무랄 데 없는 우리나라 최고의 성이랍니다. 또한 산 정상을 원형으로 둘러싸며 세워진 성벽 바깥쪽으로는 바로 깊은 계곡이 있어 정해진 길이 아니면 누구도 성벽까지 오르지 못하는 구조이지요. 천혜의 요새이자 지리적으로도 삼국의 중심에 있는 삼년산성. 누가 이 성을 차지하느냐에 따라 승리가 보장될 정도였다고 합니다.

현재 삼년산성에는 형식이 다른 서문·북문·동문 터가 있고, 성내에는 아미지란 커다란 연못터와 우물터가 있고 주위 암벽에는 옥필, 유사암, 아미지 등의 글이 새겨져 있지요. 또한 삼국 시대에서 고려·조선 시대까지의 토기조각과 각종 유물이 발견되어 삼년산성을 오랫동안 이용한 사실을 확인할 수 있습니다.

삼년산성의 구조 흙과 모래를 전혀 섞지 않은 돌로만 쌓은 산성이다. 한 줄은 가로로 쌓고, 다음 줄은 세로로 쌓아, 우물 정#자 모양으로 쌓아 올렸다.

영국사

영동군

[초등 사회과 탐구 6-1]

주소 충청북도 영동군 양산면 누교리 1397
주요 문화재 대웅전, 부도, 3층 석탑, 원각 국사비 등

영국사 3층 석탑 2단의 기단 위에 3층의 몸돌과 지붕돌을 올린 이 석탑에는 자물통과 원형 문고리도 나타나 있다.

계곡과 숲이 맑은 천태산 자락에 있는 영국사는 천년 고찰입니다. 신라 문무왕 때 원각 국사가 세웠다고 전하지만 정확한 창건 연대는 알 수 없지요. 고려 문종 때 대각 국사가 이 절을 국청사라 불렀다고 전히며, 고려 공민왕 때 지금의 이름을 갖게 되었습니다. 홍건족이 쳐들어왔을 때 이곳에서 나라의 안녕과 백성의 안정된 삶을 기원해 국난을 극복했다고 영국사로 이름을 바꾸었다고 합니다.

영국사는 국난이 있을 때마다 운다는 천년이 넘은 은행나무가 입구를 지키고 있습니다. 겹처마 팔작지붕의 멋스러운 누각인 만하루를 지나면 예스러운 맛이 나는 대웅전이 보이지요.

대웅전 앞에는 단아한 3층 석탑이 서 있습니다. 이 영국사 3층 석탑은 보물 533호로 지정되었습니다. 2단의 기단 위에 3층의 몸돌과 지붕돌을 올린 형태로, 전형적인 통일신라 시대의 석탑입니다. 아래층 기단은 넓고 낮은 반면, 위층 기단은 높은 편인데 사면의 무늬가 크고 넓게 표현되었습니다.

영국사에서 남쪽으로 약 200미터 떨어진 언덕 위에는 보물 532호인 영국사 부도가 있습니다. 팔각의 부도로 기단부·탑 몸부·머리 장식부를 갖춘 형태입니다. 신라 시대 말기에서 고려 시대 초기에 조성된 것으로 보이며 전체적으로 보존이 잘된 편이지요. 윗받침돌 옆면에 한 겹의 연꽃잎을 위아래로 장식했고, 몸돌에는 문짝 모양의 조각이 있습니다. 지붕돌의 기왓골 무늬가 처마의 곡선과 잘 어우러진 멋진 부도랍니다.

영국사 원각 국사비 고려 시대 중기의 원각 국사를 기리기 위해 세워진 비이다. 비석의 아랫부분은 심하게 훼손되어 있다.

영국사에서 동쪽으로 500미터 떨어진 망탑봉이라는 작은 봉우리 정상에도 보물급 유물이 있습니다. 영국사 망탑봉 3층 석탑은 보물 535호이지요. 봉우리에 돌출된 자연석을 기단으로 삼아 3층의 몸돌과 지붕돌을 올린 형태입니다. 탑은 전체적으로 체감률이 일정하지 않지만, 몸돌의 상부를 좁혀서 비교적 안정감이 느껴집니다. 기단을 한 층으로 하고 기단의 맨 윗돌을 생략하는 수법이, 간략화를 추구한 고려 석탑의 유형을 보여 줍니다.

또한 영국사에는 보물 534호로 지정된 영국사 원각 국사비가 있습니다. 고려 시대 중기의 승려 원각 국사를 기리기 위해 세워진 비석이지요. 거북 모양의 받침돌 위에 비석을 세우고, 머릿돌을 얹은 일반적인 비석의 형태입니다. 전체적으로 무겁고 둔해 보이는 형태이며, 비석의 아랫부분이 심하게 훼손되어 있습니다.

# 영동 반야사 3층 석탑

[초등 사회 6-1]
주소 충청북도 영동군 황간면 우매리 151-1

호랑이 형상을 한 백화산 자락에 있는 반야사는 전설이 많은 절입니다. 절 마당에 있는 500년 된 배롱나무는 무학 대사가 꽂아 둔 지팡이가 둘로 쪼개져서 자라난 것이라고 하지요. 또 조선 시대에는 세조가 이곳에 행차해 머물 때 문수 동자가 목사자를 타고 약수가 있는 곳으로 안내했다고 합니다. 세조는 그 약수를 마시고 병을 치료했다고 합니다. 오대산의 전설과 비슷하지요?

반야사는 전설에서 알 수 있듯이 문수보살에서 이름을 따온 절입니다. 문수보살을 지혜를 상징하는 '반야'라고도 하지요. 이 절은 신라 원효 대사의 10대 제자 가운데 수제자인 상원 화상이 세웠고, 1325년(고려 충숙왕 12)에 학조 대사가 보수했다고 전합니다.

　반야사 대웅전 앞에는 보물 1371호로 지정된 탑이 서 있습니다. 처음부터 이 자리에 있었던 것이 아니라, 반야사 북쪽의 석천계곡 '탑벌'에 있던 것을 1950년에 지금의 자리로 옮겨 놓았습니다.

　탑을 세우기 위해 땅 위에 터를 잡고 올려놓은 지대석 위에 단층의 기단을 이루고, 그 위에 3층의 몸돌과 지붕돌을 올린 형태입니다. 기단으로 사용된 돌은 모두 네 장의 판석으로 만들었고, 각 면에는 양 모서리기둥과 버팀기둥을 조각했습니다. 1층은 네 개의 판석으로 구성했고 유난히 크게 만들어졌으며, 2층과 3층은 하나의 통돌로 구성했지요. 탑의 꼭대기에는 네모난 지붕 모양의 장식인 노반과 그릇을 엎어 놓은 모양의 복발이 남아 있어 전체적인 양식으로 보아 고려 시대 전기 석탑으로 보입니다. 다만 1층 몸돌 방식은 신라 석탑의 전통을 계승했고, 기단 면석과 1층 탑 몸체를 꼽도록 아랫면에 홈을 판 점은 충청도와 전라도 일원에 건립된 백제계 석탑의 양식을 이어받았습니다.

톡톡! 이야기 주머니

반야사 무이 대사 이야기

　천년 고찰인 반야사의 많은 전설 가운데 귀가 없는 스님이란 이름이 붙은 무이 대사 이야기가 있습니다. 고려 충숙왕 때 반야사가 있는 황간 동헌에서 백일장을 보았습니다. 이 마을에 사는 18세의 황 도령은 글재

주가 빼어났지만, 물 수水와 뫼 산山자를 몰라 낙방했습니다. 너무 창피했던 황 도령은 학식이 뛰어나기로 소문난 반야사의 일우 스님을 찾아가 공부했지요.

그런데 어느 날부터인가 황 도령이 눈동자에 힘이 없고 넋이 나가 있더랍니다. 일우 스님이 보기에 황 도령은 분명 귀신에 홀려 있는 듯했지요. 그날 밤, 일우 스님은 황 도령의 뒤를 쫓았고, 아니나 다를까 황 도령이 인근 부도골 산속에서 하얀 소복을 입은 처녀와 손을 잡고 가는 모습을 보았습니다. 두 사람이 간 곳에는 묘가 하나 있었습니다. 약혼을 했지만 병에 걸려 미처 결혼하지 못하고 죽은 어느 규수의 묘였지요. 일우 스님은 요귀에 홀린 황 도령을 목욕재계시킨 뒤 온 몸에 금강경 5149자를 빽빽이 써 넣고 옷을 입혔습니다. 그리고 다시 그곳으로 보냈습니다. 처녀는 황 도령을 본 순간, 마구 소리를 지르다 갑자기 황 도령의 귀를 물어뜯었습니다. 그대로 기절한 황 도령이 잠시 뒤에 정신을 차려 보니 처녀는 사라지고 웬 묘만 덩그러니 있었지요.

절에 돌아온 황 도령은 금강경 덕분에 자신이 살아났다고 생각하고 부처님의 은공에 보답하고자 그 길로 출가를 했습니다. 이후, 출가한 황 도령은 귀가 없는 무이 대사로 불렸답니다.

영동 신항리 삼존불입상

[초등 사회 4-2]
주소 충청북도 영동군 용산면 신항리 135-1

영동 신항리 삼존불입상 통일신라 시대의 불상으로 가운데 중심 불상을 두고, 좌우로 보살입상이 배치된 삼존불 형식이다.

천 년이 넘는 세월 동안 비바람을 맞아가면서도 마을의 수호신 역할을 했던 신항리 삼존불입상. 지금은 기와지붕만을 씌운 누각 안에 모셔져 있지요. 네모난 판석에 새겨진 이 불상은 가운데 중심 불상을 두고, 좌우로 보살입상이 배치된 삼존불 형식의 석불입상이랍니다. 보물 984호로 7세기 후반 내지 8세기 초기 통일신라 시대에 조성되었다고 봅니다.

불상이 있던 곳은 석은사지로 알려져 있지만 절의 내력을 알 수 있는 유물은 발견되지 않았습니다. 삼존불입상은 현재 신항리 마을 언덕에서 남쪽을 바라보고 있습니다.

불상은 풍만한 얼굴을 하고 있고, 입술은 윤곽이 뚜렷하며 콧날은 오똑하며 미소를 띠고 있지요. 두 귀는 짧고 목이 긴 편이며, 목주름인 삼도의 모습은 없습니다. 어깨는 반듯하면서도 단아하고, 체구는 중후하며, 두꺼운 법의로 신체의 굴곡이 거의 드러나지 않지요. 양 어깨를 감싼 옷은 가슴에서 U자형을 이루며, 그 사이에는 역삼각형 모양의 띠 매듭이 있습니다. 양쪽의 보살상은 각각 손으로 물건을 감싸 잡거나 합장한 자세입니다. 이 삼존불상의 신체 각 부분에서 나타나는 형식을 보면 태안 마애삼존불과 서산 마애삼존불상 등과 함께 7세기 석불상을 계승한 것으로 보입니다.

천년 동안 마을을 지킨 수호신, 삼존불입상!

진천 연곡리 석비

진천군

[초등 사회 4-2]
주소 충청북도 진천군 진천읍 연곡리 485-2

비석은 어떤 역사적 사실을 후세에 전하기 위해서 세운답니다. 비석에 써 있는 비문을 보면 여러 역사적 사실과 인물에 대해 잘 알 수 있지요. 그런데 비석은 있지만 비문이 없는 경우도 있습니다. 연곡리에 있는 석비가 그런 경우입니다. 거북 받침돌 위에 비 몸을 세우고 비 머리도 올린 전형적인 석비지만 비문이 없어서 '백비'라고도 부릅니다. 그래서 비의 주인공이 누구인지 알 수 없습니다. 우리나라에서는 백비의 형태를 종종 볼 수 있는데, 진천 연곡리 백비의 경우 처음부터 비문을 새기지 않은 것인지, 지워져 버린 것인지는 밝혀지지 않았다고 해요.

보물 404호로 지정된 진천 연곡리 석비는 거북 모양의 받침돌을 갖추고 있는데, 머리 모양이 거북이나 용의 모습이 아니라 말(馬)의 모습에 가깝습니다. 등 무늬는 정교하게 조각

되어 단아한 느낌을 주고, 비 몸을 받치는 받침부분의 잎이 작으면서도, 부피감이 있어 무척 아름답습니다. 비 머리에는 아홉 마리의 용이 여의주를 물려고 하는 모습이 사실적으로 새겨져 있지요. 비 머리에도 비의 이름을 쓰는 자리만 마련되어 있을 뿐 글씨는 없답니다. 거북 모양 받침돌의 머리와 비의 크기에 비해 몸이 얇고 머리 형태가 옆으로 긴 네모꼴인 것으로 볼 때 고려시대 초기의 석비로 추정됩니다. 건립 연대나 양식상 월광사 원랑 선사비와 비교되는 작품이지요. 진천 연곡리 석비는 여러 설만 무성하고, 실제로 고증할 수 있는 기록이나 자료가 없어 더욱 궁금증을 불러일으키는 문화재입니다.

아니!
이 비석에는
비문이 없네?

청원 계산리 5층 석탑

[초등 사회 4-2]
주소 충청북도 청원군 가덕면 계산리 48

청원 계산리 5층 석탑 계산리 밭 가운데 서 있는 탑으로 전체적으로 안정감이 느껴지는 우수한 석탑이다.

　　이제는 밭이 되어버려 이름조차 남지 않은 옛 절터에 5층 석탑이 덩그러니 서 있습니다. 오랜 세월, 옛 절의 유일한 흔적으로 남아 있는 청원 계산리 5층 석탑. 보물 511호로 지정된 이 석탑은 얼핏 신라 석탑의 형식을 따르고 있지만, 단층의 기단과 2단의 굄돌, 전체적으로 간략화 한 점으로 미루어 고려 시대 석탑으로 봅니다. 부분적으로 파손되고 불탑의 꼭대기가 없어졌지만, 비교적 원형이 잘 보존되어 있지요. 단층의 기단 위에 5층의 몸돌과 지붕돌을 올렸고 기단은 별다른 장식 없이 가운데 돌을 엇갈려 놓았습니다. 탑 몸부는 일정한 형식을 갖추지 않아 조금 어수선한 느낌을 줍니다. 1층과 3층은 네 장의 돌을 짜 맞추었고, 2층과 4·5층은 한 돌로 되어 있습니다. 지붕돌은 1·2층이 두 장의 돌로 이루어져 있고, 3층 이상은 하나로 올렸지요. 지붕돌 아래 받침은 체감을 고려해 1·2층이 5단, 3·4층이 4단, 5층은 3단으로 줄어드는 형태입니다. 지붕돌 귀퉁이의 들림이 없어 두터운 돌이 더욱 무겁게 느껴집니다. 전체 형식은 간결하지만 안정감이 돋보이는 석탑입니다. 청원 지방에서는 가장 높은 석탑으로 높이가 7미터나 된답니다.

청원 지방에서는 가장 높은 석탑으로 높이가 7미터나 된다.

안심사

[초등 사회 4-2, 중등 국사]

주소 충청북도 청원군 남이면 사동리 271
주요 문화재 대웅전, 영산회괘불탱, 세존사리탑 등

    안심사는 신라 혜공왕 때 속리산 법주사를 일으켰던 진표 율사가 제자들의 마음을 편안하게 한다는 의미로 세운 절입니다. 구룡산 서쪽 기슭에 자리한 안심사는 법주사의 말사이지요.

    천년 고찰답게 많은 문화재를 보유하고 있지만 규모가 작고 아담한 절이랍니다. 안심사로 가는 길도 한적한 시골길입니다. 안심사는 넓지도 화려하지도 않지만 구조가 잘 짜여 있고, 조용하고 차분한 분위기가 흐르는 곳이지요. 절 이름처럼 마음이 절

안심사 대웅전 보물 664호로 지붕의 앞면은 겹처마이고, 뒷면은 홑처마가 특징이다.

로 편안해지는 절입니다. 현존하는 건물로는 대웅전을 비롯해 영산전·산신각·충혼각·요사채 두 채가 있습니다. 그리고 세존사리탑과 세존사리비, 신라 시대의 석조여래좌상, 목판 다라니경, 부도 등이 있습니다.

안심사 대웅전은 보물 664호로 안심사의 중심 전각입니다. 대웅전이 언제 세워졌는지는 정확히 알 수 없지만, 현재의 대웅전은 안심사가 세 번째 고쳐 지은 조선 인조 때의 건물로 추정됩니다. 지붕의 앞면은 겹처마이고 뒷면은 홑처마로 눈길을 끕니다. 다포식 맞배지붕인데, 원래는 팔작지붕이었던 것이 변화를 준 것으로 보이지요.

안심사에 보관된 안심사 영산회괘불탱은 국보 297호로 1652년(효종 3)에 조성된 불화입니다. 윗부분 일부가 약간 손상되었으나, 전체적으로 보존상태가 양호하고 색조도 거의 원형을 간직하고 있지요. 중심 불상인 석가불을 중심으로, 문수보살과 보현보살을 비롯해 설법을 듣기 위해 모여든 여러 무리들과 석가를 호위하는 사천왕상 등이 대칭적으로 배치된 형식입니다. 전체적인 신체비례는 안정되어 있으며, 짙은 홍색의 법의와 함께 광배에 장식된 화려한 꽃무늬로 중심 불상을 돋보이게 하지요. 복잡하고 화려하게 장식된 문양과 더불어 중심 불상을 떠받치듯 호를 그리며 큼직하게 그린 인물의 배치도 안정감이 있습니다. 이 괘불은 청주의 보살사 괘불과 제작 연대나 구도상 비슷한 점이 있어 17세기 중엽 충청 지역의 불화연구에 도움을 주는 귀중한 작품이랍니다.